PUHUA BOOKS

我们一起解决问题

餐饮品牌塑造

方法、工具与案例解析

白墨◎著

人民邮电出版社

北　京

图书在版编目（CIP）数据

餐饮品牌塑造：方法、工具与案例解析 / 白墨著
. — 北京：人民邮电出版社，2019.4
ISBN 978-7-115-50950-5

Ⅰ．①餐… Ⅱ．①白… Ⅲ．①饮食业—商业品牌
Ⅳ．①F719.3

中国版本图书馆CIP数据核字(2019)第042031号

内 容 提 要

互联网时代的到来，让餐饮行业的竞争变得越来越激烈，而品牌塑造成功与否，决定了餐饮企业能否在这场竞争中脱颖而出。品牌形象的建立能够帮助餐饮企业在竞争中有效地防御周边相同业态的冲击，但餐饮品牌塑造是一个长期的系统性工程，很多餐饮人不得其法。

《餐饮品牌塑造》一书由具有多年品牌塑造咨询经历的白墨老师耗时两年完成，是餐饮品牌领域的开先河之作。本书从品牌定位、品类塑造、品牌文案、视觉设计、菜品塑造、品牌升级等角度系统地讲述了品牌塑造和升级的方法，并构建了餐饮品牌认知体系，帮助读者一步一步地塑造和升级自己的餐饮品牌。本书介绍和剖析了小肥羊火锅、很久以前烤串、杨国福麻辣烫等100余家餐饮企业的品牌塑造案例，是一部可以帮助读者少走弯路的品牌塑造宝典。

本书适合初入餐饮行业的创业者、餐饮行业从业者与餐饮品牌咨询和培训机构及人员阅读和使用。

◆ 著　　白　墨
　　责任编辑　贾淑艳
　　责任印制　彭志环

◆ 人民邮电出版社出版发行　　北京市丰台区成寿寺路 11 号
　　邮编 100164　　电子邮件 315@ptpress.com.cn
　　网址 http://www.ptpress.com.cn
　　北京七彩京通数码快印有限公司印刷

◆ 开本：700×1000　1/16
　　印张：15.5　　　　　　　　　　　2019 年 4 月第 1 版
　　字数：250 千字　　　　　　　　 2025 年 11 月北京第 28 次印刷

定　价：59.00 元

读者服务热线：（010）81055656　印装质量热线：（010）81055316
反盗版热线：（010）81055315

专家推荐

白墨老师选择了一个相当有难度的课题，收集了大量关于餐饮品牌的行业资讯，打造了这本《餐饮品牌塑造》。这本书对于想投身餐饮行业的人而言就像一座指引灯塔，他本人对餐饮品牌的见解也值得我们广大餐饮人去学习和揣摩。希望读者也能从这本书中学习到精彩的内容，并利用它们创造属于自己的财富。

——杨国福

杨国福麻辣烫创始人

产品是打造餐饮品牌的原点。好产品可以架起企业与顾客沟通的桥梁。极致的产品有记忆，我们可以以此形成战略，上升到情怀。当下，消费升级给餐饮行业带来巨大机会的同时也带来了巨大挑战，如何塑造餐饮品牌，成为每个餐饮人面临的问题。白墨老师这本《餐饮品牌塑造》很系统地给出了方法，值得一读。

——杜中兵

巴奴毛肚火锅创始人

纵观中国餐饮业变化，探究品牌发展之路，以真实案例帮助大家发现品牌发展规律，对于热爱餐饮行业的人士来说，这本书值得阅读和珍藏！

——樊胜武

阿五黄河大鲤鱼品牌创始人

中国烹饪协会副会长

我提前看了书中的内容，非常惊喜。白墨老师对餐饮品牌的理解非常深刻，尤其是他提出的"品类战略是一场以小带大的持久攻坚战"，我非常认同。喜家德多年来一直在践行该理论，而白墨老师以其深刻的洞察力将此总结成文字，精辟且独到。这本书值得所有国内餐饮人阅读和研究。

——高德福

喜家德虾仁水饺创始人

在当今信息爆炸的时代，餐饮人获取知识的路径越来越多，而碎片化的信息往往会对判断造成干扰。白墨老师从多个维度剖析餐饮经营的规则和方法，通过案例来解答餐饮人的困惑，整本书内容全面、实战性强、通俗易懂，对于打造餐饮品牌，是非常实用的教科书。

——杨金祥

杨记兴臭鳜鱼创始人

餐饮就是道场，做餐饮是一场修行，与智者一同修行会让你有意想不到的收获。白墨老师是我从事餐饮行业 25 年来见过的最具思考力、行动力、创造力的餐饮品牌实战教练。

——邢志远

JUICY 国际股份创始人

邢少爷、雪冰 CEO

从做买卖到做企业，从做生意到做品牌，餐饮人在蜕变中深刻体会到了品牌背后的巨大价值。本书用通俗易懂的方式颠覆了我们对品牌塑造的认知，手把手教你做好品牌。

——陈洪波

红餐网创始人

餐饮行业是经济发展的风向标，在未来的餐饮市场，品牌价值会被越来越多的餐饮人重视。白墨老师通过他多年塑造品牌的专业经验，以及对品牌塑造的全面认知，告诉更多的餐饮企业，做好品牌并不难。此书值得读者深读，如果能领悟核心，一定会有所收获。

——赖林萍

资深餐饮实战专家

中国餐饮业长期处于"大市场没有大赢家，大品类没有大品牌"的低集中度状态，然而，这一景象最近四五年正在被一批新老餐饮创业者打破。品牌是抵御餐饮品类周期性、统领规模化发展、获取长青事业的终极武器。白墨兄历时两年，倾心完成的这部《餐饮品牌塑造》，可以说是为餐饮老板们送来了"及时雨"。全书从品牌定位到品类战略，从传播策略到品牌养成，系统勾勒出了餐饮品牌的生长路径，营养丰富。

——秦朝

餐饮老板内参创始人

数据显示，2017 年 80% 的餐厅都在亏损，这是绝大多数餐厅同质化竞争的必然结果，而缺乏品牌系统思维则是造成这种碎片式同质效仿的根本原因。白墨兄弟凭借自己在餐饮品牌领域深扎多年的实战积累和学习思考完成的这本《餐饮品牌塑造》，实在是餐饮行业的一场"及时雨"，相信很多餐饮同仁会从中受益。

——张燕玲

零点有数集团 CMO 兼餐饮行业首席研究官

品牌塑造不是空谈，落地有术才是关键。从最早的一个 logo，一套 VI，到品牌定位、文化、创意、场景，无不彰显着餐饮人的思考和价值。而这种价值印象如何形成，在白墨的《餐饮品牌塑造》一书中论述得深入浅出。从这本书中，我看到了品牌的灵魂及附着力。

——王彬

职业餐饮网创始人

中国几千年的饮食文化历史，出现了太多的经典餐饮品类，但如今俯瞰华夏大地，洋快餐成为中国餐饮第一强，许多"80 后""90 后"甚至是吃着汉堡、日本拉面长大的。归根结底，品牌才是连锁餐饮的核心竞争力！白墨老师的《餐饮品牌塑造》为中国餐饮创业小白、民族餐饮品牌塑造指引了方向，引领更多的连锁餐饮企业走向全球化的大道！

——黄晓斌

中国资深餐饮老兵

三年前，我加入餐饮行业最大的自媒体，开始接触餐饮业。当时我的一个深刻的感受就是，整个行业的发展理念还太初级，新进入的外行想找书籍和文章来学习，很难如愿。

一次偶然的机会，我结识了白墨，听到他对餐饮经营各种门道的见解，看到他对餐饮品牌策划的实践，不由得对他的专业度心生敬佩。

得知他写了《餐饮品牌塑造》一书，我从内心感到高兴，既为他，也为餐饮行业。这是一本既有理论高度，又有丰富实践的餐饮品牌书籍，它的诞生，无疑会为众多致力于餐饮行业的老板提供指导和借鉴！

——纪爱玲

餐饮数据研究院执行院长

屏芯科技内容运营总监

当下，餐饮行业同质化竞争日益激烈，想做好一个餐饮品牌越发不容易，需要从定位、品类、品牌文化、文案、视觉、菜品等多个维度综合考虑。

目前品牌类的图书很多，不乏知名人士之作，但很多书一看就懂，一用就蒙，根本原因是不适合复杂的餐饮行业；而白墨老师的这本书是针对餐饮品牌打造的力作，开创了该细分领域的先河。他用攻略的形式，跨越心理学、广告、设计、菜品塑造等内容，从品牌塑造的问题出发，给出解决思路及方法，本人认为这是这本书最大的亮点。

——许静宜

餐饮实战专家

美团点评金牌讲师

中国餐饮数据研究院首席讲师

品牌是个"鬼"，哪里有钟馗

接到白墨兄弟要我为他的新书写个序言的邀请之后，我看了下书名和目录，心中暗自惊喜：终于有人写了一本关于餐饮品牌的专业书籍。这本书意义深远，它弥补了长期以来餐饮品牌领域的市场空白，从此以后，餐饮老板真正拥有了一本可以参考的品牌著作，餐饮行业的知识殿堂里拥有了一部具有里程碑式意义的参考书。

中国餐饮行业体量之大，从业人数之多，每年增长率之高，都非常惊人。然而高增长率的背后，则是盲目开店，迅速倒闭，市场更迭的应接不暇。通过多年对餐饮行业的研究，我发现了一个有趣的现象："同样是卖饭，没品牌的只能叫食堂，有品牌的才能叫餐厅。在产品极大丰富化的今天，品牌是消费者购买决策的直觉性依据。"

可是品牌是什么？品牌在哪里？品牌怎么做？

目前在中国餐饮企业家群体里，这几个问题依旧没有形成系统性共识，盲人摸象的认知观和头痛医头的方法论依旧肆虐。

甚至有餐饮老板感慨：品牌是个"鬼"，看不见，抓不住，但很可怕。

"餐饮老板内参"是一家致力于挖掘中国餐饮优秀案例的自媒体,成立四年多来,采访报道了上千家餐饮企业。在这个过程中,我们既见证了一批优秀餐饮品牌的崛起之路,也充分感受到了更多餐饮人对品牌打造的"无力感"。所以,我们一直想联手行业内外的品牌高手,为餐饮人抓到那只看不见的"鬼"。我们希望能从底层常识规律出发,围绕行业特性展开,进而构建有逻辑的品牌认知图谱,这是我们希望的推进路径。

白墨先生行走餐饮江湖多年,阅品牌无数,在过去两年里,他潜心梳理,终于出版了《餐饮品牌塑造》一书,这是一本系统的、实用的,既有理论知识又有实战案例的工具书。

从品牌定位原理的剖析到对品类的深刻思考,从品牌文案的提炼方法到视觉设计的呈现规则,无不是对品牌的系统化思考。书中提出了很多新颖的观点,比如,"品牌定位不是先抢占心智,而是先构建和顾客同频的认知基因,从而让顾客快速识别、快速记忆和传播,最终占领顾客心智资源""品类战略是一场以小带大的持久攻坚战""升级不是取悦自己,而是为了更好地适应市场和顾客";在品牌文案篇中,作者将文字的力量运用得入木三分,首次梳理了餐饮品牌文案该如何写,告诉我们餐饮品牌的传播文案绝非心血来潮的一通肆意表达,而是有原则、有方法、有策略的一场文字运动。

诸如此类,不胜枚举。如果品牌真的是个"鬼",那能让品牌之道显形的,就无疑是钟馗了,希望白墨先生能笔耕不辍,捉"鬼"不辍。

——谭野

餐饮老板内参联合创始人、总编辑

推荐序二

塑造强势品牌，让餐饮企业走得更远

拿到《餐饮品牌塑造》这本书稿时，我刚好在阅读新闻，阿里集团联合蚂蚁金服，以 95 亿美元收购了餐饮外卖平台饿了么。从新零售到新消费，零售业已经逐渐渗透到餐饮业。

山雨欲来风满楼……

这让我联想到了餐饮业近 30 年的巨大变化，市场已经从供不应求变为供大于求；技术从手工业发展为工业化又到了智能化；从业人员由厨师到职业经理人，再到跨界资深创业者。消费升级创造新的消费服务，倒逼餐饮业管理的专业细分，餐饮业的从业门槛及竞争维度一再提高。

这一点从近两年餐饮业"网红级"的品牌西少爷肉夹馍、奈雪的茶、霸蛮牛肉粉等，可见一斑。这些品牌的明显特点是品类定位明确，从品牌名到品类细分，再到品牌形象塑造，都经过了专业人士的精心雕琢。这些品牌的创业者都是一流大学的毕业生，他们从进入餐饮业开始，就跳出了餐饮业原有的创业规则，一手打造品牌，一手夯实基本功。在这看似简单又充满吸引力的品牌运作下，这些新品牌在短时间内就可胜出，这也大大地刺激了传统餐饮创业者。

认知决定成败。餐饮企业的学习速度已经赶不上行业的竞争强度，时间成本、市场空间、品牌价值都成了影响成败的关键资源。而《餐饮品牌塑造》这本书无疑就是"及时雨"，本书从创业、定位、传播、视觉等角度，剖析了品牌塑造的全过程，通俗易懂。白墨的初心是"愿将品牌塑造之能分解，授之餐饮人以'渔'"，希望广大餐饮人能在餐饮业繁荣的节点，跟上餐饮创新的节奏，共享餐饮盛世美羹。

只有塑造强势品牌，方能延续餐饮企业的生命，这个行业值得我们探索和深耕！

——乔为

职业餐饮网创始合伙人

自 序

品牌塑造就是一场认知战争

时间追溯到 2016 年，那一年是我进入餐饮品牌策划领域的第六个年头，那时候我被邀请在几家知名餐饮媒体上开了专栏。虽然我一直从事餐饮品牌咨询工作，但一直都保持着低调，出于对这个行业的敬畏，我不会轻易写文章，不会轻易地开课，就是怕误人子弟，以至于总是拖欠媒体的约稿。

在这种情况下，人民邮电出版社的贾老师（本书责任编辑）向我约了书稿，希望我可以写一本与餐饮相关的书。关于写书，我算是有点经验的，我曾经是腾讯文学的签约作者，也曾在上高中的时候手写过 20 多万字的小说，遗憾的是后来搬家的时候书稿遗失了。不过写作也仅仅是爱好，特别是工作以后，我并没有朝着职业作家的方向发展。

再次提笔写书，到底该写什么样的内容是充满挑战的。餐饮行业内细分门类众多，可以说像是一个浩瀚的宇宙，而太多碎片化的知识又扰乱了这个行业的秩序，因此具有体系化的餐饮知识是非常稀缺的。贾老师让我写自己擅长的领域，这是她对我的一个基本认知。

　　我的本业是做餐饮品牌策划的，写一本如何做餐饮品牌的书正是使命之所在，当时我想如果能够帮助一些餐饮创始人少走弯路，对餐饮行业倒是件好事。

　　于是我用了一周的时间搭好了框架。然而写这本书的过程并不顺畅，一个困难来自这是餐饮品牌塑造领域的第一本书。目前，市场上没有关于餐饮品牌塑造的书籍，其理论和方法一片空白，一切都需要我自己研究、剖析并结合实际案例做验证。一部优秀的作品绝非拼凑出来的，而是要环环相扣。我需要把品牌横切一刀，然后一层层抽丝剥茧地呈现给读者；需要一整套前后呼应、具有实操价值的方法和工具做支撑；还需要融入很多餐饮案例，详尽地剖析和说明不同阶段的方法论，这些才是这本书的价值和难点所在。

　　另一个困难来自工作和生活上的诸多事务占据了我大部分时间和精力。在书写到一半的时候，我的儿子出生了，家里忙成一团，公司的项目也源源不断，整个 2017 年我都处于精神高度紧绷的状态。我不得不推掉很多会议邀约、自媒体约稿、讲课邀请等。这让我不得不逼自己一把，一有空隙就赶紧写稿，往往到了深夜还在修改不满意的地方，尽可能让观点通俗易懂，方法易学易用，为此我把最开始和出版社签约用的书名也给改了，改成《餐饮品牌塑造》，就是希望从品牌攻略的角度阐述餐饮品牌建设的体系化方法。

　　每本书都有一个核心理论，这本书也不例外。受美国营销大师大卫·艾克提出的"品牌认知识别理论"启发，我在这本书里系统地构建了适用于餐饮行业的餐饮品牌认知理论。本书以构建餐饮品牌认知基因（我称之为餐饮品牌 DNA）为突破口，解构整个品牌链条上的每个节点的作用以及各个节点之间的关系，最终形成一整套方法论和实用性工具。

　　品牌塑造就是一场认知战争，这是我赋予品牌一词最新的注解。从人类饮食文明诞生到目前为止，我们经历了"物质匮乏阶段、供不应求阶段、物质过剩阶段、品质价值阶段、品牌价值阶段"这五个阶段。

在品牌价值阶段，品牌的竞争就是对顾客心智的争夺，而争夺的途径则是通过抢占顾客已有认知，或者建立品牌认知从而占领顾客心智。比如海底捞建立了"好服务"的认知，杨国福建立了"可以喝汤麻辣烫"的认知，巴奴毛肚火锅建立了"好毛肚"的认知。

所有的消费行为一开始都基于顾客对品牌的认知，或初次认知，或熟悉认知。你的品牌有没有被顾客记住？有没有在顾客的心智中建立认知，从而达到占领顾客心智的目的？这是每个餐饮品牌需要深思的事情。

认知战争是每个餐饮品牌不得不打的一场硬仗，只有塑造出优质的品牌认知基因，方能和顾客产生共鸣。品牌如果具有认知基因那可以如虎添翼，如果无认知基因，那结局只能是不被人知晓了。这个研究结论不是我随意说的，而是经过多个品牌的调研验证的。2018 年，杨国福麻辣烫的门店数量逼近了 6000 家，我们在调研顾客认知的过程中，发现了一个有趣的现象，就是很多顾客外出吃麻辣烫已经不说自己去吃麻辣烫，而是直接说去杨国福。在大多数顾客的认知中，杨国福已经等同于麻辣烫了，对杨国福的品牌认知已经超越了对杨国福本人的认知，这就是品牌认知的力量。

而在本书中，关于餐饮品牌认知的核心理论、特点、建立方法、误区、应用案例等，都将一一呈现。

历时两年，在一次次地推翻重来之后，我终于完成了这本书的创作，并于 2018 年 3 月写完全书。原计划于五六月出版，但因为我对内容的精简修改，以及联系书中提及的相关品牌而耽误了一些时间，所以到现在才"面世"。另外，本次的精简修改，也激发了我基于餐饮品牌领域所畅想的一个"小型宇宙"，那就是这本书是这个品牌小宇宙的开篇，后续还会有其他图书问世，最终形成一整套的品牌攻略知识体系。

在此非常感谢杨国福麻辣烫的创始人杨国福先生、巴奴毛肚火锅的创始人杜中兵先生、阿五黄河大鲤鱼的创始人樊胜武先生、喜家德虾仁水饺的创始人高德福先生、杨记兴臭鳜鱼的创始人杨金祥先生等 16 位餐饮行业各领域的资深专家，非常感谢你们对本书的认可和推荐，对于本书的延迟出版深深地说声抱歉。

美食，是来自大千世界的馈赠，它由果腹之物，渐渐凝聚为了一种文化。餐饮，吃穿住行的第一组成要素，其发展模式也由单店模式逐步走向连锁。如今已经是品牌经济时代，不自我提升，必被市场淘汰。

我最终的研究目的，是让每个餐饮创始人都学会做品牌，让每个餐饮创始人都少走弯路，让每个餐饮企业都能成为品牌餐饮。希望我的方法能够影响更多人，让更多人获益，从而在一定程度上推动餐饮领域的品牌化进程。

这里若有光，跟着光亮向前走，一起开启你的品牌塑造之旅吧！

白墨

2018 年 9 月于北京

目　录

第一章

做餐饮就是要做品牌

中国餐饮人正在经历一场前所未有的竞争，越来越多的个人和企业加入餐饮创业的浪潮中，市场风云巨变。据统计，中国每年会有80%的餐厅面临倒闭，同时又会涌现出许多新开店面。多少人进进出出，或折戟沉沙，或艰难行走。"餐饮越来越难做"是多数人的心声，这话不假，就连很多百年老字号都在走下坡路。唯有那些拥有超强品牌壁垒的企业依然占据鳌头。餐饮企业已经全面进入品牌化竞争的"深水区"，不把自己做成品牌餐饮无疑等于自杀。

中国式餐饮创业风向与市场变化

想做餐饮，说明你有一颗澎湃的心

许多人曾认为做餐饮是一件无比美好的事情，就像我们小时候总有那么多纯粹的梦想，比如想当科学家、想当建筑师、想当歌唱家等。

当你遇见美食，这大千世界的馈赠，你或许会对自己说："我将来也要开个餐厅，面朝大海，春暖花开。"

然而餐饮创业里并没有诗和远方，有的只是苦和累的磨砺。

当你想做餐饮的时候，你的初心是什么？要做成什么？将来要走什么样的路

做餐饮，有的人为了赚钱，有的人为了情怀，有的人为了投资。然而餐饮终归是一门生意，凡是生意，必有经营之道。很多人都埋头去做，却很少有人会考虑为什么做以及怎么做。

2011 年以来，我和我的团队行走了数百个城市，服务了数百家餐饮企业，看着它们成长、蜕变。有的华丽转身更上一层楼，有的做成了几千家连锁店的超级餐饮"航母"，当然也有的渐渐消失了。

为什么会有这么严重的两极分化？

因为餐饮经营是一个系统化的工程，想把餐饮当成一项事业去做，就需要在**人才、产品、运营、渠道、品牌、营销**上同时发力，如图 1-1 所示。

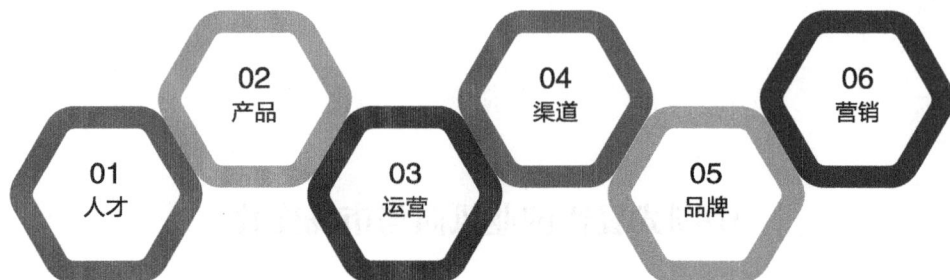

图 1-1　餐饮经营所包含的主要元素

　　这六个板块看似分散，实则是一个整体，最终呈现的即为品牌价值。做餐饮的终极目标就是能成为品牌，甚至成为名牌。巴奴毛肚火锅创始人杜中兵、西贝莜面村创始人贾国龙先生都不止一次地强调，他们一直是在做品牌，而不是单纯地做餐饮。餐饮企业的发展要历经草创期、发展期、连锁紊乱期、直营稳定期、品牌形成期，这算一条完整的路。很多路上的关卡无法逾越，餐饮企业只有步步试错，步步验证，最终才能修炼成一个有生命力的品牌。

传统餐饮和互联网餐饮之争

　　如果为中国餐饮行业做个时间轴，我们会发现在 2013 年有不少传统餐饮人慢慢地走上了正规化品牌之路，比如卖麻辣烫的杨国福、卖火锅的巴奴毛肚火锅、卖鱼头泡饼的旺顺阁、卖莜面的西贝等。同年，互联网餐饮兴起，黄太吉在北京建外 SOHO 打响了"历史性的一枪"，之后互联网餐饮、O2O 餐饮大行其道。进入 2014 年，互联网餐饮和传统餐饮两个阵营初步形成；到 2015 年，两个阵营的对抗最为激烈，多方资本开始加持互联网餐饮，大有一种互联网餐饮取代传统餐饮的趋势。根据数据统计，2015 年，中国餐饮市场总量突破了 3.5 万亿元，如果算上那些无法统计的，真实数据将会更庞大。

　　2016 年，一些互联网餐饮品牌遇到发展瓶颈，被资本挟持的互联网餐饮已经变味，要效率、要规模、要流量、要融资已经让它们忽略了餐饮本质，开始畸形发展。在各种声讨之下，互联网餐饮岌岌可危，人们开始大谈匠心和产品主义。到了 2017 年和 2018 年，没人再拿互联网餐饮和传统餐饮说事了。大多数餐饮企业在消费升级的大环境下开始进行食材升级、形象升级等，模式之争最终变成了餐饮本质的角逐，餐饮市场彻底回归了理性。

餐饮互联网化是一个必然趋势，互联网永远是工具

餐饮互联网化是一个必然趋势，互联网永远是工具，它不是核心竞争力。这五年来，互联网餐饮人最让人敬佩的就是他们的品牌意识和品牌精神。

其实聪明的传统餐饮人并没有一棒子打死互联网餐饮精神，他们和众多外行一样对这些新兴竞争者评头论足，但与此同时也在背地里学习互联网餐饮精神。他们开始使用互联网工具、餐饮智能硬件、餐饮智能系统等。他们尝试着互联网餐饮的新模式，一次次地进行品牌迭代和升级。

那么，互联网餐饮人有没有向传统餐饮人学习？当然是有的，比如西少爷肉夹馍，在获得资本追捧的同时，也更加注重获得顾客的认同，他们靠认真打磨产品一度成为肉夹馍行业的标杆。

事实证明，餐饮人不应以单向思维去考虑问题，要认识到互联网的本质和价值，要学会利用互联网工具打造自己的产品和品牌。

传统的餐饮创业方式将淡出历史舞台

几乎每接触一个餐饮朋友，或者餐饮客户，我都会问他们最初做餐饮的状况。很多餐饮人经过我这么一问，往往颇为感慨。感慨当年的不易，并将当年的故事娓娓道来。

"四张桌子，借来 1500 元钱支起烧烤摊""摆早餐地摊起家""兄弟俩卖房子开店""既当厨子又当老板"，等等，这些都是大多数餐饮人创业之初的情景。

艰难的开始，或许多数人都经历过；幸福的结局则是经过优胜劣汰后精英们独享的福利。从开始到结束，有的餐饮企业历经近二十年，比如净雅餐饮集团、湘鄂情餐饮集团；有的则短短风光两三年，其好光景犹如昙花一现；还有的开业几个月就被转让，而更加可惜的是一大批筹备完后根本没开起来的餐厅。

无论如何，在你决定开餐厅的一刹那，就已经把一颗种子种下去了。至于种子今后如何萌发、成长，除了要悉心打理，你还要有品牌意识和创新精神，卖力干、闷头干、踏踏实实地干也未必会获得成功。

相反，在经营中思考品牌发展问题，并践行创新精神的餐饮企业，则充满无限可能。在这些年的策划和咨询经历中，让我印象比较深刻的是一个经营连锁面馆的企业，创始人是对亲兄弟，在河南的一个小县城靠经营手擀面地摊儿起家，只有几张桌子，是最原始的河南烩面地摊儿。他们经营了一段时间后，发现自己和别的面馆比，没有任何竞争力。于是决定另辟蹊径，在烩面的基础上进行改良创新。烩面一般是以羊肉大骨熬汤，他们则以鸭架、鸡架和猪大骨熬汤；烩面以中庸香醇味道取胜，他们则改成了麻辣鲜香的口味；烩面放羊肉，他们则放卤好的鸭肉丁。这样改良之后，他们为新菜品取了个名字——麻辣鸭肉面，简称"麻鸭面"。一开始他们还担心河南人不吃麻辣，结果人们对这种新兴的重口味面食情有独钟，就这样生意越做越大，从地摊儿进化成了门店。2013 年，他们委托我们为其做了品牌升级，麻鸭面这个品类开始在豫北区域家喻户晓，如今其已经建立了中央厨房，并开了十几家门店，企业也正式进入连锁化阶段。

这是中国餐饮企业发展的一个小小缩影，也是大多数餐饮创业者都经历过的阶段。如果把庞大的中国餐饮业比作一个巨人,那么每个餐饮企业就是里面的细胞,创始人就是细胞核。有的细胞核引力小,有的细胞核引力大。

比如同样是卖肉夹馍的,很多企业可能做了十几年才步入连锁化,而西少爷肉夹馍却可以在短短两年就坐拥十几家门店,同时获得几千万的风险资金。创始人所处的"段位"不一样,能够整合和接触的社会资源也不一样。虽然做的是一样的菜品,但西少爷团队能够将传统肉夹馍进行优化改良、能够雇用更优秀的团队、能够得到知名投资人的青睐,其获得的周边社会资源也更多。

随着社会的发展,"绝对的"传统餐饮人也会慢慢淡出人们的视线,大家都将变成新餐饮人。同时地摊式起家的时代即将成为过去,我们所处的新时代,无论是市场数据研究、品牌定位策划、视觉设计、菜品研发还是第三方供应链都已经趋于完善,专业服务餐饮行业的机构将为餐饮创业者提供一条龙服务。

这个时代的餐饮人进入了新的竞争阶段,那就是品牌层面的角逐。

餐饮人品牌意识的觉醒

任何意识层的变化都非一朝一夕完成的,在刚刚进入餐饮行业的时候,大多数餐饮创始人还是没有品牌意识的。他们认为只要好好做菜、好好管理团队就可以在餐饮行业占有一席之地。同样在一条街上开餐厅,如果对手的菜品美味程度和自家相差无几,环境比自家好,服务不比自己差,招牌漂亮且容易识别,那么,原有的顾客慢慢地肯定会走进他们的大门。如果自己故步自封,凭什么让顾客陪着你原地踏步?

品牌化发展是不得不选的路

做餐饮和做品牌餐饮是完全不一样的。有些人甚至认为,品牌是熬出来的,这就是典型的开饭馆思维。殊不知熬出来的只能算是百年老店,顶多算个牌名,它们在区域市场具有话语权,一旦扩张到外地,往往会水土不服。比如开封地区是灌汤包的发源地,但是却没有涌现出全国性的大品牌;相反我国台湾地区的鼎泰丰包子同样卖灌汤包,却可以将门店开遍全国甚至全球,这才是做品牌的典型。只有进行品牌化发展,才是餐饮企业的出路。

餐饮市场无时无刻不在改变,而改变围绕的核心是顾客,这就要求餐饮品牌具有与时俱进的特性。餐饮创始人最终都想拥有长久的品牌,但很多餐饮人提到"品牌"二字却不知所措,更不知道该如何理解和塑造品牌,那么接下来我就带着大家系统地认识一下品牌以及品牌的特征。

品牌有可见的部分,也有不可见的部分

品牌是看不见的东西,但品牌又是部分可见的。为什么?因为构成品牌的两大主体分别为实体和虚体,看得见的实体由标识、文案、视觉形象、产品和服务组成,这些内容是可见可感受的,就是可见部分;而美誉度、品牌资产、价值观、企业文化、品牌营销理念是不可见的,也是品牌的重要组成部分。

可见部分固然重要,能直接给顾客呈现品牌的样貌形象;不可见部分是支撑可见部分的动力源泉,更为关键。就如同一座冰山,水面上我们能看到的只是冰山一角,余下的十分之九都藏在水底,如图1-2所示。

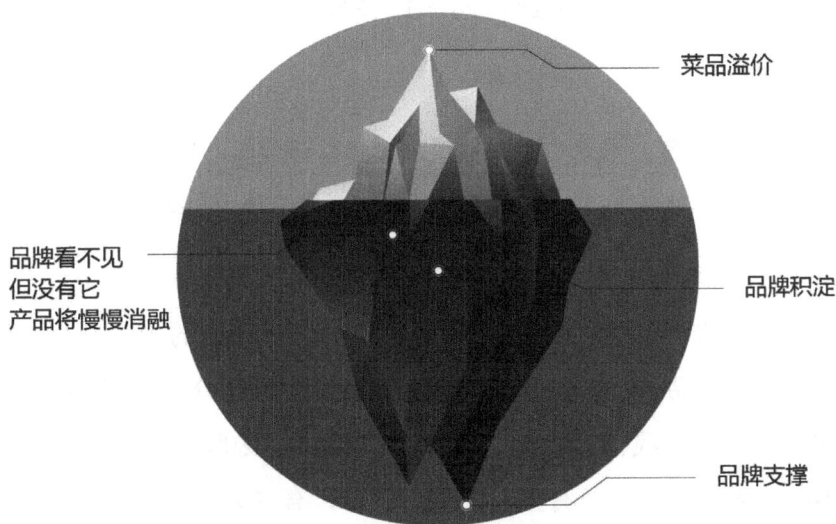

菜品溢价

品牌看不见
但没有它
产品将慢慢消融

品牌积淀

品牌支撑

图 1-2 没有品牌支撑就不会有菜品溢价

如果把品牌比作一件具体的商品，我们能够看得见摸得着的是拿在手里、摆在超市货架上具体存在的物品，但我们看不见的是该商品的美誉度、知名度、核心价值主张等。

品牌最昂贵的不是可见的部分，而是不可见的部分

类比到餐饮行业，比如巴奴毛肚火锅，可见的是毛肚、巴奴的代表颜色亮黄色、创始人杜中兵先生等，不可见的则是巴奴提出的"产品主义观点"，然而最具价值的就是这个观点，这个观点要比巴奴本身更具有竞争力。

巴奴经过十几年的发展和迭代，才进化到产品主义这个层面。品牌不断迭代才会进化，从而更加适应市场变化，而支撑和指导品牌进化的核心力量，就是品牌中那些不可见的部分。

"实体"和"虚体"，两手抓，两手都要硬

> 兵无常势，水无常形，能因敌变化而取胜者，谓之神。
>
> ——《孙子兵法·虚实篇》

对于品牌来说，我们能够看得见的为实，看不见的则为虚。实体和虚体共同组成了品牌，好比冰山的上半部分和下半部分，一实一虚。

在餐饮行业，我们都知道肯德基、麦当劳、必胜客几乎每个季度都会推出花式多样的广告，有些为了宣传产品，有些为了表达情怀。

很多人不禁疑惑，它们都那么有名了，为什么还要不断做广告？原因很简单，因为它们的顾客群体的喜好正在发生变化，新一代消费群体的认知和喜好已经与上一代年轻人完全不一样了。

如果我们对比麦当劳不同时期的海报，会发现其风格相差非常大。现在麦当劳面对的年轻群体已经是"95后""00后"了，他们是互联网原住民，个性化、另类、张扬是他们的身份标签。

整体来说，麦当劳的视觉形象、平面海报越来越时尚化。它的视觉形象、平面海报就属于品牌的实体部分，是顾客能够看得见的，犹如冰山露出水面的部分；而麦当劳为了迎合新一代的年轻群体，将品牌的营销理念也做出了改变，那么营销理念就属于品牌的虚体，我们是看不见的，就好比隐藏在水下的冰山。

那么虚体和实体的关系是什么样的呢？答案是：在品牌虚体发生变化的时候，品牌实体会接着发生变化，只有虚体部分先发生变化，从而引导实体发生改变，才是正确的品牌塑造路径，反之，品牌塑造将陷入困境之中。

做成品牌餐饮的衡量标准和优势

接下来，我们梳理一下做成品牌餐饮有哪些衡量标准及优势。

我国有很多中华老字号餐饮，很多都有一定的知名度，但是它们算不上真正的品牌餐饮企业。其顾客群体不具有高频需求，有的一辈子也就吃一次。因此仅有知名度而没有美誉度和顾客忠诚度的餐饮，不能称为品牌餐饮。

还有一些餐饮企业，它们旗下有几十个餐饮项目，或者几百家连锁店，但遗憾的是，它们并没有像西贝莜面村、海底捞一样成为品牌餐饮企业。深究其原因我们会发现：它们所谓的几十个餐饮项目基本上都是快速招商、快速加盟、快速圈钱的项目。

"加盟门槛低、投资回报高"等耀眼的宣传字眼成为吸引餐饮新手们的手段。因为中国餐饮市场新进人员实在太多，想着一夜暴富的群体更是不计其数。品牌方和加盟商最终变成了一个愿打一个愿挨的关系。很多加盟者因为没有太多餐饮管理经验，有时候尽管是好项目也难以保证存活率。所以，在店面多的表象下，成活率、美誉度、知名度显得尤为重要。

正因为如此，餐饮圈一直有个怪现象，很多人把"做品牌"和"做生意"区分开来看待，因此形成了两派观点。为什么会有这样的现象？如果我们从深层次分析，答案显而易见。那些把餐饮当成生意做的人坚守的是利润最大化，因此他们会想方设法地设计各种利润点；而那些把餐饮当成品牌做的人会把餐饮经营当成一项伟大的事业，他们大多信奉彼得·德鲁克的"事业理论"，数十年如一日地勤劳经营，在时代变革中积极迭代和升级，慢慢地积累品牌势能。

这两类观点都有一定的道理，但想要真正做成具有影响力的品牌餐饮，还得看创始人的初心。当创始人把企业修炼成品牌餐饮后，再通过品牌进化来叠加品牌势能，自然就会有很好的生意。比如海底捞、西贝、巴奴，开到哪里，火爆到哪里，这就是品牌的力量。成为品牌或知名品牌，其就有了生命力、影响力、号召力，获得利润只是水到渠成的事。

很多餐饮老板会抱怨，自己的餐厅只要略微涨价，顾客就不买账了；品牌餐饮企业却很少面临这样的困惑。巴奴在没有形成品牌的时候，客单价并不高，发展成为品牌后，随着品质提升，菜品价格一路走高，但是顾客依然爆满，愿意埋单，这也是品牌的号召力。

今后随着消费升级和顾客认知升级，顾客对高品质菜品的购买需求将越来越强，一个没有品牌溢价的餐厅很可能会被市场淘汰。如果把一座城市比作一个大型超市，那么各个城区就是超市的分类区，街道就是超市货架，货架的位置就是地段，餐厅就是商品。想要进入一个好的地段，可能会遇到霸气刁蛮的商场招商经理，他们会问："你是品牌餐饮吗？怎么没听说过？在全国有多少店？先把你们的品牌介绍一下。"

早些年往往是那些出租门面的房东因为商铺租不出去而焦虑，但是现在变成了餐饮企业使尽浑身解数寻找门面。但如果是麦当劳、海底捞、外婆家、西贝之类的餐饮企业，很多招商经理就会优先考虑这些品牌，有的商场甚至还会倒贴房租把它们招进来。

为什么？因为品牌餐饮能够为商场自动引流，这个时代，流量具有很大的价值。在优胜劣汰的餐饮浪潮中，一个企业能否留到最后，全看自身品牌势能是否强大。没有品牌溢价的餐饮企业很难长久存活，而优秀的餐饮品牌因为具备较强的综合竞争能力，会优先获得选址优惠、口碑推荐、优质供应链资源等。

第二章

塑造品牌之前你必须知道的事

做生意和做品牌是不一样的，做生意是为了生存，而做品牌是为了发现和捕获机会并由此创造出新的产品、服务或实现其潜在价值。创投人士是否愿意为品牌在产品、运营、视觉等层面进行持续性的投入，将决定品牌进化的方向。本章我们将共同探讨那些在塑造餐饮品牌之前必须知道的"致命伤"和应对策略。

树立品牌思维，先弄清楚这三个"为什么"

第一个为什么：为什么需要做市场调研

> 夫未战而庙算胜者，得算多也；未战而庙算不胜者，得算少也。多算胜，少算不胜，而况于无算乎！吾以此观之，胜负见矣。
>
> ——《孙子兵法·始计篇》

《孙子兵法·始计篇》表达了未战之前准备工作的重要性。在战争之前就已计划周密，充分估量了有利条件和不利条件，开战之后往往就会取得胜利；如果没有进行周密的计划，开战之后往往就会失败。筹划周密就能取胜；筹划疏漏就会失败，更何况不作筹划，毫无准备呢？

市场调研不仅有用，而且很有必要。商场如战场，孙子的这套理论在品牌塑造上也同样适用。

由于每家餐饮企业所处的阶段不同，所以调研的内容也不一样。对于成熟的餐饮企业来说，它们关注的是顾客满意度、迭代和升级的方向、选址区域的变化等。

那么对于处于创业初期的餐饮企业来说，到底该如何开展调研工作呢？

首先，餐饮企业创始人要进行自我调研。很多人在进行自我总结和评价时总会带有主观成分，这时最好先了解一下身边的人对自己的评价。最熟悉的人往往是给出忠告或者批评意见最多的人。但很多人往往听不进去，容易陷入自我构建的假象中无法自拔，结果导致开店失败。

为了避免这种情况，在自我调研的过程中，最好虚心接受对自己有用的忠告和批评。当然，也不要将调研结果奉为圭臬，因为餐厅经营本身就是一个系统化工程，需要用心统筹和经营才能成功。

做完自我调研后，餐饮企业创始人接下来可以做外部调研。外部调研的内容主要包括市场环境分析研究、经营业态分析、目标市场分析、目标人群假设、预选店面周边人群结构分析、预选店面周边配套设施分析、预选店面便利性分析等。

如今随着大数据的应用和普及，市场调研也变得更加科学和高效。例如，百度和新美大拥有庞大的用户数据库，这些数据能够精确地反映每一条街上店铺的生存状况，以及住在周边人群的喜好。相比之前宽泛的市场调研，这些数据库可以让人们快速知晓某一区域的具体情况。这些数据告诉我们某一区域的人群偏爱湘菜还是川菜，是喜欢吃烧烤还是吃火锅。不过，这些数据只是开店的参考因素，详细的市场调研还需要餐饮企业创始人多去现场观察，甚至委托专业的调研公司一起开展。

第二个为什么：为什么定位在先，设计在后

几乎 80% 的餐饮人在创建新品牌的时候，首先想到的是找家设计公司做个标识或进行店面设计。设计完毕，他们往往又觉得这些视觉设计并不能表达出自己的品牌调性和品牌内涵，甚至觉得和其他餐厅的设计没有什么区别，这时就会怪罪设计公司没有好好设计。

其实这也不能完全怪设计公司。视觉设计是符号化的呈现，更深层次上来说是品牌的可视化表达。如果品牌没有清晰的定位，设计公司又

如何能做出完美的设计？

这就好比我们根本就不了解一个人的脾气、秉性、喜好，就为这个人做了件新衣服，自认为他会很喜欢，结果往往会费力不讨好。那如何为这个人做一件称心如意而又别具一格的衣服呢？答案是需要对这个人进行立体式的洞察和定位。

我们要做一个餐饮项目，应该先谋而后动，先全局后局部，先思考后着手，如图 2-1 所示。

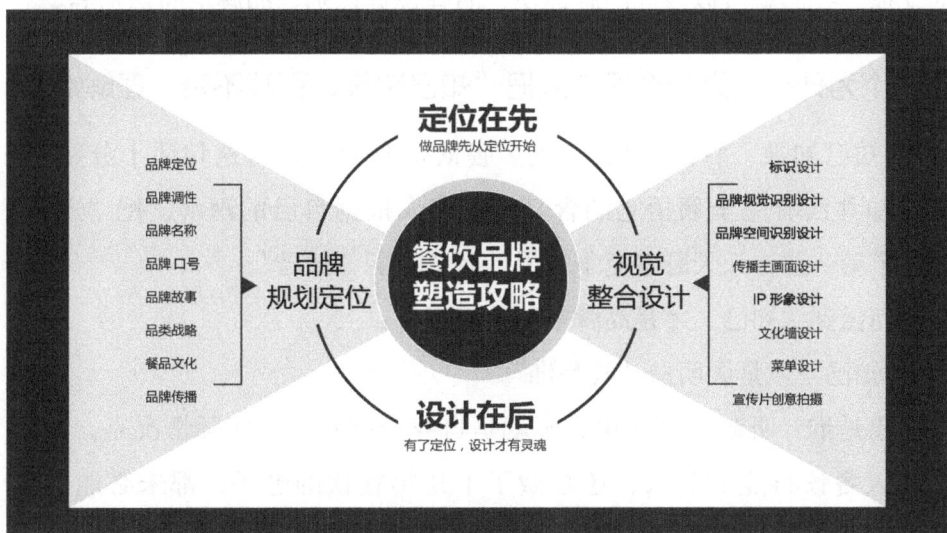

图 2-1　关于餐饮品牌塑造的要素

塑造餐饮品牌切忌一上来就做视觉设计。只有做好了品牌定位，梳理出专属的文化格调，视觉设计才有据可依，做出的品牌才能凸显出差异化及统一性。

那么，品牌定位定什么？按照特劳特的经典定位理论，定位不是围绕产品进行的，而是围绕潜在客户的心智进行的。这是经典的心智理论，但其并不是放之四海而皆准的。

比如在餐饮行业，它就不具有普适性，对顾客心智的占领更多适用于有一定规模的餐饮企业；对于小微型餐饮企业来说，打磨产品和活下去永远是第一位的，然后才是通过塑造品牌的差异化来抢占顾客认知。

餐饮品牌定位包括产品定位、价格定位、选址定位、调性定位、视觉形象定位等，处于初创期的餐饮企业要花很长一段时间来做产品定位与产品升级。

有了品牌定位，接下来我们就要开始塑造品牌文化了，比如品牌愿景与使命、品牌传播口号、品牌传播文案、品牌故事等。有了品牌文化的支撑，我们就可以设计品牌标识、品牌视觉识别、品牌空间识别等。

第三个为什么：为什么很多人把"知己知彼，百战不殆"理解错了

"知己知彼，百战不殆。"很多餐饮企业创始人对这句话十分熟悉，但是却并没有完全领悟它的含义。很多人根据自己的理解，把"知彼"放在了第一位，天天盯着竞争对手，而忽略了"知己"。

而做到"知己"才是品牌塑造的精要。

"知己"就是弄明白"我是谁"。

我是谁？听起来很简单，不就是自我介绍吗？可实际情况是，不管是初入餐饮行业的新人，还是做了十几年餐饮的老手，都未必能够将"我是谁"表达清楚。

以巴奴为例，巴奴就曾经陷入自我认知的误区中，在聚焦毛肚之前，巴奴不从自身出发，而是和海底捞拼服务，想建立巴奴的服务也很好的认知，结果却怎么也超越不了海底捞。

当巴奴觉悟的时候，才发现自己并没有能够和海底捞匹敌的优势，自己是不可能占据"好服务"的顾客认知的。于是巴奴开始积极挖掘自己所具有的特色，提炼出了毛肚和菌汤的差异化优势，不断传播后，使其成了自己的身份标签，并占据了顾客认知。

对于餐饮企业来说，要想清楚地认识和介绍自己，可以学习一下巴

奴，我将餐饮品牌如何自我介绍，做成了一个公式：我是谁＝品牌名称（巴奴）＋品类名称（毛肚火锅）＋口号（服务不是巴奴的特色，毛肚和菌汤才是）。在这方面，西贝莜面村也是比较典型的案例。西贝曾经多次并且长期陷入自我认知的误区中，最终也付出了巨大的代价。也许有人会说西贝经过整改，越来越成熟了，同时也为自己做了宣传，但试问哪个餐饮品牌能经受住这样的折腾，并获得成功？西贝仅为个案而已。

知道了为什么要讲清楚"我是谁"，还要学会如何去讲"我是谁"。我们要明白，无论是取名字、聚焦品类还是定口号，都要围绕消费者心智来展开。品牌塑造的过程，就是占据顾客认知的过程。

参透这五个"箴言锦囊"，再开启品牌塑造之旅

锦囊一：时刻告诉自己，不要掉入"自嗨陷阱"

根据相关数据，餐饮人陷入"自嗨陷阱"的比例较其他行业更高，为什么会这样？

习惯以自我为中心，臆想顾客感受

我以为顾客就喜欢这样的格调，我以为顾客就喜欢这样的摆盘，我以为顾客就喜欢这样的服务，我以为顾客就喜欢口味偏辣一点的菜品……大多数餐饮人都以自我为中心，把自己的感受和假想强加给顾客，这是一个普遍存在的现象。他们这么做只是为了取悦自己，结果距离顾客越来越远。

总认为自己的菜品味道是最好的就可以成功

餐饮业是入门门槛较低的行业，从业者的文化水平参差不齐，很多人极容易忽略产品之外的事情，从而简单地认为把菜做好吃就行了，而

好吃是没有界定标准的。

到了今天，味道好吃已经成为开店成功的基本条件。想做成品牌餐饮，首先要让大多数顾客认可你的菜品。味道不行的餐厅根本没资格存活下去，因此味道好不是值得炫耀的资本，也不是获得成功的全部条件，其只是基本条件而已。

喜欢用华丽的修饰性词语表达品牌

我们常常会看到很多餐厅这样宣传自己："尊贵享受，华丽体验，激发味蕾，畅享不一样的人生……"这些宣传语中使用了大量的形容词，吆喝了半天，顾客却并不知道其要表达什么，也没有接收到任何能够刺激购买欲的信息，倒不如巴奴那句大白话"服务不是巴奴的特色，毛肚和菌汤才是"来得实在。

和顾客不在同一频道对话

在顾客的心智中，对于琳琅满目的餐饮品类，每个品类最多能被记住前三名。要想在顾客心智中占有一席之地，餐企需要在如下八个方面下功夫：

（1）让顾客知道你是做什么的；（2）了解自己的产品是否符合顾客的需求；（3）让顾客尝试消费；（4）让顾客认可并产生满意度；（5）争取顾客的复购；（6）争取顾客的推荐；（7）让顾客喜欢；（8）让顾客信赖。

很多餐饮企业经常在不自觉中和顾客不在同一频道对话。例如，有的餐厅明明创立不久，没有知名度，特色也不明显，却总是诉说一些情怀味道很浓的宣传语，其实这些话语和顾客根本无法产生共鸣，因为顾客对该餐厅的了解还非常有限。

锦囊二：目标顾客群体并不是很快就能确定的

我们曾经遇到不少这样的客户，在筹备餐厅的时候，他们就十分肯定地确定了餐厅未来的目标顾客群。例如，某餐厅将消费者定位为"90后""95后"群体，认为他们喜欢逛街看电影，爱生活，爱去星巴克，有个性……当你问该餐厅主打什么菜品的时候，他们口若悬河，讲了一大堆自认为年轻人喜欢的菜品。可当他们把餐厅开起来的时候，却发现年轻人并不喜欢这样的菜品。

首先我们要明白，在餐厅初创期，是目标顾客依附于产品，而不是产品依附于目标顾客的。这一点不难理解，因为你的顾客群体还没有形成并稳定下来，怎么可能会有明确的顾客群体呢？产品是基础，产品特色和卖点表达是形成顾客体验与进行顾客沟通的基本条件，而产品的呈现形式则构成了顾客消费场景的一部分。然而，产品更新迭代的周期少则一年半载，多则三五年。

例如，乐凯萨榴莲比萨、巴奴毛肚火锅、阿五黄河大鲤鱼、旺顺阁鱼头泡饼、喜家德虾仁水饺等，都是经营了多年才完成了产品品类的聚焦，从而形成了自己的顾客群体。

同时，目标顾客群体也不是一成不变的，其会随着产品迭代、店面模式的变化而发生变化。近年来，商场餐饮业迅速崛起，随之而来的是很多街边店的转型升级。比如，西贝莜面村在刚打开北京市场的那几年，店面都是社区店或者临街店，面积大，菜品种类多，顾客群体偏向于上了岁数的社区居民。自从他们开始主攻商场店后，店面面积缩小了，客单价提升，装修风格变得温馨简约（摒弃了之前社区店的陕北风情），如图2-2所示。这时候由于就餐场景发生了很大的变化，所以顾客群体中的年轻人逐渐增多。

这就是典型的模式变化所引发的顾客群体的变化。同时，由于新的顾客群体的形成，品牌方还必须继续进行产品优化和升级，西贝的菜品和之前相比就精简优化了不少。

▲ 旧版西贝　　　　　　　　　　　　　　　　▲ 新版西贝

图 2-2　西贝莜面村装修风格新旧对比

在聚焦目标顾客群体的过程中，试错是避免不了的，在餐厅创立初期，甚至一两年内，目标顾客群体都不可能很快确定下来。错误从来都不是单方面因素造成的，品牌的每一个触点出现问题，都会导致相邻触点做出改变，从而引发连锁反应，最终形成偏差。例如，产品品质出现问题，必然会影响顾客体验，顾客体验遭受冲击，目标顾客就会减少，从而造成营业额和利润的下降。这时我们应该做的，是反思整顿，而不是想方设法提高毛利、更换菜品、打折促销等。

锦囊三：伪创新和盲目跟风最终会被淘汰

顾客去一家餐厅首先是吃饭的，是解决基本温饱的，其次是解决社交需求的。餐厅在进行创新的时候要时刻确认是否满足了顾客的这两个基本需求。

曾经，我国的餐饮市场涌现出了不少以"新奇特"为卖点的餐厅，有代表性的是"便所餐厅、情趣餐厅"等，它们的知名度很高，但是后来都关闭了。一开始也有不少顾客去尝试，但遗憾的是没有形成回头客。一个餐厅做的主要客群就是周边三公里的人群，闻名而去的毕竟是少数。此类餐厅虽然满足了部分人的猎奇心理，但没有形成很好的用餐体验，就不会形成复购。

除了不要做伪创新外，还不要盲目跟风，跟风虽然有必要，但不能盲目跟风。拿来主义不可怕，可怕的是盲目照搬。比如外婆家生意火爆的时候，全国涌现出了很多仿冒店，其从标识到装修，从菜品到宣传全部照搬外婆家的创意，为此吴国平发现一家起诉一家，一共关掉了几十家冒牌外婆家。海底捞、绿茶、黄记煌、巴奴火锅等，都有山寨店。这些"山寨店"虽然模仿了人家的"形"，但却没有学到精髓，95%的"山寨店"最后都关门大吉了。

锦囊四：初创餐饮品牌不要一开始就做对标，容易陷入死胡同

杰克·特劳特在《重新定位》一书中讲到了竞争的重要性，他认为竞争和对标是非常重要的。在另一本名著《商战》中，特劳特将竞争理论做了更加全面的分析。企业在面对竞争对手时，有防御战、侧翼战、进攻战和游击战四种打法。那么，是不是所有的企业都要这么做？我认为答案是否定的，因为解决自身的问题比解决竞争问题更重要。

企业一开始就做对标是没有任何意义的，当你没有梳理清楚自己是谁的时候，所做的一切对标都可能将你引入岔道。巴奴火锅曾经一直对标和模仿海底捞，在郑州餐饮市场上学习海底捞的各种经营模式，然而收效甚微，顾客依然更加喜欢海底捞。直到2011年，巴奴在确定自身特色品类"毛肚火锅"后，开始认认真真做自己，突然有一天，人们发现海底捞竟然开始学习巴奴了。

为什么会出现这样的反转？海底捞号称"不可能战胜的餐饮航母"，怎么就在郑州市场输给了巴奴呢？要知道，郑州市场曾经是海底捞发家致富的大本营，其旗下底料上市企业颐海供应链就在郑州。

要想找到这个问题的答案，首先我们要明白，不管多么厉害的餐饮

企业，都不可能面面俱到。餐饮门道繁多，就算是精确到四川火锅领域，依然细分为不少流派，有的靠汤底制胜，有的靠牛油制胜。每一个餐饮企业，都能够找准并塑造自身的特色，只要把特色做到极致，就有可能在细分领域胜出。

锦囊五：宁可做低期望值，也不要拉高期望值

我们接触过不少餐饮创业者，通过与他们的交谈，发现他们往往店还未开业，就畅想着美好的未来。由于期望值过大，导致开店以后只要生意不好，或者管理不善，就丧失信心，从而病急乱投医，最终狼狈收场。

如何避免开店失败所造成的物质与精神的双重伤害？答案是有技巧地管理自己的期望值。期望值管理是一门学问，期望理论（Expectancy theory）来自北美著名心理学家和行为科学家维克托·弗鲁姆于 1964 年在《工作与激励》中提出来的激励理论，又称作"效价-手段-期望理论"，是管理心理学与行为科学方面的经典理论。这个理论可以用公式表示为：激动力量＝期望值 × 效价。

期望值是人们判断自己达到某种目标或满足某种需求的可能性的主观概率；效价是指达到目标对于满足个人需求的价值。同一目标，由于各个人所处的环境不同、需求不同，其需要达到的期望值也就不同。同一个目标对每一个人可能有三种效价：正、零、负。如果个人喜欢其可得的结果，则为正效价；如果个人漠视其结果，则为零值；如果不喜欢其可得的结果，则为负效价。效价越高，激励力量就越大。其计算公式是 $M=\sum V \times E$，效价（V）决定了工作态度，期望值（E）决定了工作信心。

开餐厅也一样，决定餐饮成败的各个环节中有很多触点，如选址、出品、管理、环境、营销诉求等，只要我们付出了最大努力，朝着目标

去奋斗，就一定会取得期望的结果。首次创业的失败概率非常高，但并不是失败了这个创业者就不适合再做餐饮了，其有可能是某个环节或多个环节出了问题造成的。只要及时纠错，找准正确的目标，其依然可以取得成功。

　　管理自己的期望值，是每个餐饮人必修的功课。

第三章

品牌认知革命——席卷餐饮界的强力风暴

在分析了目前餐饮行业的趋势变化，以及做品牌之前的一些箴言锦囊后，本章将正式打开品牌塑造的大门。

品牌的塑造始于认知，结束于认知。一切消费关系的开始，都是基于顾客对消费对象的认知，或是初次认知，或是熟悉认知，认知的整个形成过程影响顾客的体验和记忆，从而形成品牌印象。但认知不是品牌与生俱来的，而是需要人为构建的，构建的过程和结果沉淀成了品牌的认知基因。

如果品牌在构建的一开始就以占据顾客认知为目的，那么该品牌就有机会脱颖而出。

品牌认知理论的诞生及相关特点

认知是什么？我认为是个体或群体对某个物体、事件、现象的一种基本态度，这种态度由复杂的感官、体验、情绪、联想、行动等因素综合构成，它会受到所接触的信息变化、年代变化、周围环境的影响而发生改变。互联网时代的认知变化非常快，信息交流工具和手段在不断变化，人们对于世界的认知也处于不断变化之中。

这种认知变化同样存在于餐饮行业。20世纪90年代，好餐厅不多，人们把味道好放在第一位，不计较距离远近；21世纪，品牌餐饮店开始涌现出来，人们开始关注品牌餐饮店，同时关注便捷度，如果你的品牌没有能让顾客记住的身份标签，就很难在顾客认知中留存下来。

单纯的"认知"二字还是比较好理解的，那么，我们继续来了解一下什么是品牌认知（Perceived Quality）。

20世纪80年代，大卫·艾克提出了"品牌价值"的概念，同时也提出了多个品牌建设的理念和方法。其中，在行业内被广泛认同的是品牌建设的四段里程，即品牌知名—品牌认知—品牌联想—品牌忠诚。该理论认为：品牌认知度是品牌资产的重要组成部分，它是衡量消费者对品牌内涵及价值的认识和理解度的标准。品牌认知是公司竞争力的一种体现，有时会成为一种核心竞争力，特别是在大众消费品市场，各家竞争对手提供的产品和服务的品质差别不大，这时消费者会倾向于根据品牌的认知来产生购买行为。

在餐饮行业，顾客对一个品牌的认知度越高，越能证明其是一家品牌餐饮企业。顾客对于自己喜欢的餐厅会在头脑中自动归类，如西餐牛排、日料韩餐、火锅、快餐、麻辣烫、酸菜鱼等。顾客对每个类别的餐饮，一般最多能记住 2~3 家。例如，提及麻辣烫，他们首先想到的可能是杨国福麻辣烫和张亮麻辣烫，甚至连第三家都想不起来。餐饮企业的终极目标就是能够出现在顾客的认知选择中。

那么该如何实现这个目标呢？我们首先要明白顾客是如何选择品牌的。他们一般通过对品牌的综合认知来做出选择，餐饮品牌的任何举动都会影响顾客的评价。

认知理论的四个衡量维度

（1）品类差异度。品类是餐饮企业向顾客诉说"我是谁"的关键要素，品类差异度的大小直接关系到经营利润率的大小。差异性越大，表明品牌在市场上的同质化程度越低，越有可能成为细分领域的佼佼者，从而就越有议价能力。差异性不仅表现在产品特色上，也体现在品牌的形象方面。

（2）品牌接受度。顾客通过对菜品、视觉、服务进行体验之后做出反馈，餐饮企业从反馈结果可以看出品牌对顾客的适合程度。品牌的接受度高，意味着目标人群愿意接受品牌所做出的承诺，同时也意味着品牌在扩张上有更大的便利。

（3）品牌尊重度。很多品牌如阿迪达斯、耐克有很多自己的忠实顾客，这些顾客对品牌高度尊重，不允许别人诋毁自己喜欢的品牌。在餐饮行业也一样，当顾客对某个餐饮品牌进行尝试性消费后，会形成自己的评价，如果体验较好，便极有可能对这一餐饮品牌建立信任感。久而久之，品牌的尊重度自然会逐渐提升。

（4）品牌美誉度。差异度让顾客更加清楚地了解你，接受度代表顾客在某一时间段认可你，尊重度代表顾客经过多次消费对你的餐饮品牌形成了深度认同。这三个要素最终确定的是品牌美誉度，其代表着消费者对餐饮品牌的了解程度，关系到消费者体验的深度，是消费者在长期接受品牌传播并使用该品牌的产品和服务后，逐渐形成的对品牌的依赖性认识。

认知理论的三个重要特征

（1）一切消费关系，一开始都源自对事物的认知。

如果人们没有对事物进行认知判断，就不存在消费关系。正是因为我们对事物有着基本的认知，所以才会去接触自己所喜欢的餐厅和菜肴，然后判断它是否符合自身利益，如果符合，则会发生消费关系，如果不符合，则会去寻找更加匹配自己需求的选择。

（2）认知的背后是策划包装，营销传播是推动力。

认知是需要构建的，它需要人们去体验，那么如何让顾客在第一时间想到你的餐厅，这就需要你对品牌进行策划包装，找到顾客需求和购买理由并满足他，而在需求与满足之间往往需要一种推动力，那就是品牌营销传播。

（3）认知一旦开始，品牌诉求将围绕认知展开。

要想开一家餐厅，就要考虑市场和顾客认知，要想满足市场需求和顾客利益，品牌诉求就需要围绕市场和顾客认知展开。

认知大于事实，掌握这个逻辑可以快速晋级

认知大于事实的现象，广泛存在于我们生活的方方面面。越来越多的品牌和组织开始关注这个现象。比如，罗振宇在两次"时间的朋友"的演讲中都提到了"认知"这个词，并阐述了两个关于认知的重要观点：（1）认知在不断迭代，认知将大于事实；（2）认知战可以超越价格战的

比较优势，让顾客第一时间想到你的品牌。

这两个观点是相互关联的，正因为认知大于事实，所以顾客不再去深究事实，而更愿意相信自己的认知判断，因此品牌方如何在顾客心智中建立认知，从而脱离价格战的泥潭变得尤为重要。

那么，为什么认知会大于事实？我总结了五个原因。

1. 人们在选择一件商品时，总是情感变化在先，行动实践在后

人们在看待一件事情或者选择一个物品时，总是情感先发生反射和变化，从而指导行动去求证和践行。如今，我们没有太多时间去求证事情的真相，因为求证真相的各项成本太高，导致大多数人不愿意也承担不起该成本。一切自由的商品交易行为，起初都是在没有行动之前，人们先从情感上做出的判断。

那么，人们是如何在没有见到菜品的情况下尝试去一家餐厅消费的？

第一，从其他人口中了解该餐厅，或者去大众点评和团购网站看评分。

第二，考虑此次消费是否符合自身利益，餐厅的菜品是否适合自己去消费。

第三，尝试消费。然而大多数人往往在经过第一阶段和第二阶段之后，就终止行动了。这时餐饮品牌仅仅停留在顾客认知区域的盲区中，若要激活这个区域，则需要品牌方自己去发力，自己去激发消费。

也正因此，认知大于事实，事实是什么？顾客并不知道，也不会去知道。那么什么情况下可以让情感和行动保持一致？比如当士兵执行任务的时候，当然这就不属于自由选择，而是被动选择了。

2. 错误认知很难改变，时间长了就代替了事实

在这里，我举两个例子。第一个例子是关于兰州拉面的，大多数人认为：

（1）兰州拉面是发源于兰州的；

（2）遍布大街小巷的拉面馆是兰州人或者甘肃其他地区的人开的；

（3）兰州拉面是午餐或晚餐。

然而事实是：

（1）兰州拉面不是发源于兰州，而是发源于河南焦作博爱县。清朝嘉庆年间，甘肃东乡族马六七从河南省怀庆府苏寨村（河南博爱县境内）国子监太学生陈维精处学习了小车牛肉老汤面制作工艺后，将其带到了兰州，经陈氏后人陈和声、厨师马保子等人的创新、改良后，以"一清（汤）、二白（萝卜）、三绿（香菜蒜苗）、四红（辣子）、五黄（面条黄亮）"统一了兰州牛肉拉面的标准。在之后两百多年的岁月里，兰州牛肉拉面以肉烂汤鲜、面质精细而闻名，1999年被国家确定为中式三大快餐试点推广品种之一，被誉为"中华第一面"。

（2）遍布大街小巷的兰州拉面馆大部分其实是青海人开的。

（3）在兰州和西北的一些其他地区，兰州拉面叫兰州牛肉面，是早上吃的，算早餐。

然而大部分消费者一般不会追究事实的真相。两百年来，经过改良的兰州拉面已经开遍全中国，大家已经认定兰州就是兰州拉面的发源地，在东北、华北、华中、华东、华南地区生活的人，基本上是午餐、晚餐才会吃兰州拉面，故而不会认为兰州拉面最早是作为早餐出现的，这就是认知中的事实。

第二个例子是日本拉面。在中国有不少日本拉面馆，最具有代表性的是味千拉面。很多中国人想当然地认为日本拉面是日本美食，是发源于日本的。事实上日本拉面是源自中国的，在日本是没有日本拉面之说的，而是叫"中华面条"。日本最早关于中国面条的记载是明朝大臣朱舜水到日本后，用面条来款待日本江户时代的水户藩藩主德川光国。在明治时代早期，拉面是横滨中华街常见的食品。1900年，来自上海和广东的中国人在日本卖切面，配以简单的汤底和配料。在昭和年间，拉面在日本开始流行。事实上，在日本的三大面（乌冬面、拉面、荞麦面）中，只有荞麦面勉强可以算得上是日本的传统面食，而中华料理中为人所熟知的拉面，正是现今日本拉面的原身。

当然，在1912年时还没有拉面这个名词，当时的日本人称拉面为"龙面"。而且在当时的日本拉面店里，店主和店员都穿着中国式的服装作为制服。

但问题是，一个开在中国的日式拉面馆是不能不打日本拉面牌子的，因为在顾客心智的认知中日本拉面就是日本美食，这是其差异化的特色所在。

3. 获得真相成本越高，人们越无暇顾及事实

某家餐厅的饭菜到底好不好吃？请客能不能去？带女朋友去是否合适？顾客要想深入了解一家餐厅的特色是需要付出很高的成本的。于是，这个时候餐饮品牌就要主动表达自己的品牌特色，从而构建属于自己的认知基因。

我们可以看到，很多餐饮品牌像快消品一样，开始有了自己的品牌口号、形象吉祥物、品牌文案，甚至有很多餐厅做了明档厨房、好食材展示等，这一切都是为了降低顾客的选择障碍，让顾客迅速了解自己的特色，从而避免顾客由于情感判断产生的误会而没有选择自己的品牌。构建良好的、系统的品牌认知体系，能够降低顾客获得真相的成本。

4. 人们的固有认知很难改变，不要企图改变基础认知

每个人都有一定的生活阅历，在他们的生活阅历中，会有一些共同的固有认知。例如，一些谚语、顺口溜、传统文化等，人们在骨子里有着特定的认知，外力很难改变这种认知。就好像金庸写小说，总是宣扬

少林功夫是最厉害的，天下功夫出少林，这就是人们的基本认知，其他作家要是也写武侠小说，写到功夫自然而然会联想到少林寺，并且会认为天下功夫出少林，你要是写成天下功夫出自别处，大家可能打心眼儿里不认同。还有怕上火要喝凉茶，人们对于凉茶的认知就是降火的，你要是诉说别的诉求，大家会认为你是错的。

这就是认知的力量，认知有时候超越了事实，其一旦被大多数人接受，短时间内是很难改变的。

5. 认知被传播的次数多了，就没人关注事实了

罗振宇在第二次"时间的朋友"的演讲中讲到了认知迭代和父爱算法。认知会随着时间的推移、环境的变化、人们思维意识的变化、人们对某件事物了解程度的加深、危机事件的发生等因素的影响而发生改变和迭代。认知迭代以后，认知本身成了"事实"，并且有更多人传播这个"事实"。

过去我们能够选择我们喜欢的东西，而现在选择的成本太高了。小时候，我们要什么妈妈会给我们买什么，这是母爱算法。而爸爸则相反，他们给我们什么，我们就要接受什么，这是父爱算法。父亲基本上不太会去揣摩我们的意图，就是简单地给予。

为什么父爱算法开始流行，就是因为选择和试错成本太高了。我们希望到一家餐厅吃饭，不用再看着琳琅满目的菜单挑花了眼，而是能够闭着眼睛点，道道都好吃。比如，西贝莜面村的高明之处就是洞察了认知迭代后人们的需求，给予顾客传递的正是父爱算法。西贝建立了这样一个认知：闭着眼睛点，道道都好吃，不好吃可退。其实我们明明知道西贝不可能把每道菜做到合乎每个人的口味喜好，但是西贝依然为自己立下"信任状"：不好吃可退，所退菜品不要钱。

但是，会有几个人真的退菜呢？

建立品牌认知的四个建议

根据以往的经验，我总结了四个建议，希望可以帮助广大餐饮人建立自己的品牌认知。

这四个建议分别是：（1）不要违背顾客对事物的基本认知；（2）塑造品牌认知不是单方面塑造知名度；（3）诉求品牌认知要避免呆板，要对顾客"动之以情"；（4）品牌认知要和产品品质保持统一。

以下就针对这四个建议逐一分析阐述。

建议一：不要违背顾客对事物的基本认知

为什么现在很多餐厅出现了标价9.9元的菜品，而不是直接标价10元？因为根据市场大数据分析，人们在购买一件产品的时候，总觉得9.9元比10元便宜了很多。比如，麻辣烫就是麻辣的，你主打别的味道就很难取得突破，除非更改品类名称；比萨是西式的做法，你用中式的做法那就不叫比萨了，而叫灌饼。人们的潜意识认知很难改变，从成本的角度说，其是不能改变的或者改变成本太高，莫不如就顺从顾客的基本认知。

建议二：塑造品牌认知不是单方面塑造知名度

具有知名度在某种程度上可以帮助餐厅提升销量和收益，但品牌知名和品牌好感是两回事。比如，某个产品刚刚上市，本来应该致力于传播产品的特性以及为顾客带来更大的利益，而有些广告公司却为其制作了一支关于品牌好感的广告，结果这个"好感"顾客永远也得不到，因为这个产品还在成长，要先被人认识，而后才能被人了解、喜欢。

一个产品在没有被人认识之前就想获得好感，这是不可能的。一般来说，被更多人认识所花的时间比较短，被更多人了解所花的时间比较长，如果企业能很快被更多人认识，其媒介传播费用也会降低。当然，更多的情况是广告公司根本不懂怎么做，它们不知道自己所做的广告到底要帮企业解决什么问题。

让品牌出名其实很容易，但做之前要深挖属于自己的品牌基因，不是所有能提升知名度的事情都是可取的，要做符合品牌基因并且具有正能量、符合普世价值观的营销推广。例如，西贝莜面村的"儿童节儿童专属套餐活动"就做得非常好（如图 3-1 所示）。

西贝莜面村的超级话语是：I LOVE 莜，传递的品牌价值是"爱"，这个活动非常符合西贝的理念。

图 3-1　西贝莜面村的儿童节活动

西贝莜面村用一句"家有宝贝，就吃西贝"作为儿童节主文案，以传递对孩子的关爱。我们可以发现这些创意和西贝品牌基因息息相关。关爱孩子是西贝要表达的爱的主题，莜面稻壳造型的餐具契合产品创意，整个造型如同麦田里的可爱的稻草人。西贝的御用品牌咨询公司华与华强调，企业的每一个动作，每一分钱的投资，都要形成资产，能形成资产的事情就去做，不能形成资产的就不要做。今天父母带着孩子来西贝吃饭；十年后孩子长大了，和他的朋友们来西贝吃饭；二十年后，当初的孩子们有了自己的家庭，带着全家来西贝用餐。企业的品牌资产要一点一点去积累，而服务顾客也得从娃娃抓起。

这同时说明，品牌认知不是一下子就能建立起来的，是长久积累的结果，那些靠出格的噱头走红的餐饮项目，终究是昙花一现。

建议三：诉求品牌认知要避免呆板，还要对顾客"动之以情"

做品牌认知需要不断重复品牌诉求，这可以让更多的人记住你的品牌。对餐饮品牌来说，品牌老化和迭代周期比快消品短，每个时代的年轻人都会成为目标客户群，但是他们的观念和上一代顾客群已经不一样了，这个时候我们就需要做一些能让顾客产生好感的表达，目的是让品牌和顾客发生联系。当然在这个表达过程中，品牌核心价值诉求是不能改变的，改变的仅仅是进行情感沟通的方式和方法。

品牌是存在于消费者内心的，当消费者对品牌的好感度越来越高的时候，即使品牌有缺点、有问题，只要不涉及原则问题，消费者都能原谅甚至接受它。餐饮行业的典型案例如麦当劳、肯德基、星巴克。首先，它们是顾客关注度很高的餐饮品牌；其次，它们的操作模式相对简单；最后也是最重要的，它们的管理系统非常强大。

麦当劳、肯德基每年都会在各个媒体投放大量的广告，它们做了很多增加顾客感性认知的广告。例如，肯德基的"感恩中国系列广告""尽情自在系列广告"，麦当劳的"喜欢您来"，这些都是在通过情感和顾客对话。

建议四：品牌认知要和产品品质保持统一

餐饮企业的产品品质很重要，它关乎品牌的价值一致性和美誉度。一味地做品牌认知，而忽略产品品质，对品牌来说是舍本逐末的，这样的例子不胜枚举。西贝在这方面就做得很好，在品牌认知的第一阶段，西贝更多的是强调食材从西北空运、从草原直供。后来品牌升级后，又提出了"闭着眼睛点，道道都好吃"的理念，定这句口号其实是冒了很大风险的，因为中国餐饮口味的地域差异太大了，要想做到符合每个顾客的口味是不可能的事情。但西贝为什么明知不可为而为之呢？

西贝一直在强调自己高品质的食材、无添加的烹饪、明档的厨房、用心的服务、爱的语言、温馨如家的环境、高知名度的事实，这一切在说明什么？在向顾客传递什么？

毋庸多言，西贝从选材到服务都让顾客无可挑剔。它还立了"信任状"："不好吃不要钱，不好吃可退。"

事实上，西贝退菜率可以忽略不计，大数据显示，绝大多数顾客认为西贝的菜品确实好吃。我想大部分顾客的心理是：西贝已经做得很好了，就算有点瑕疵，也可以原谅。

如果一个产品本身的质量不高，我们却想让消费者相信产品质量非常高，无疑是不可能的。即使在短时间内可以蒙骗消费者，但是消费者很快就会察觉，这反而会给品牌的建立造成危机。因此，要提高品牌的认知度，首先要做的就是不断地提高产品的质量和服务水平。提高产品质量和服务水平是提升品牌认知度的基础。

八个维度构建餐饮品牌认知基因

做餐饮就是做品牌，做品牌就是做认知，做品牌就是一场认知战争。经过多年的品牌塑造实践，我将餐饮品牌认知链条总结为八个要素，如果你的餐饮品牌能够满足其中 2~3 个，就能够形成独特的认知标签。图3-2 是我经过多年的思考，以及在服务了 200 多家餐饮连锁企业之后，总结的餐饮品牌塑造方法，即餐饮品牌认知基因构建方法。其共包括八个模块，它们各自独立，却又环环相扣，下面我将一一讲解这八个模块。

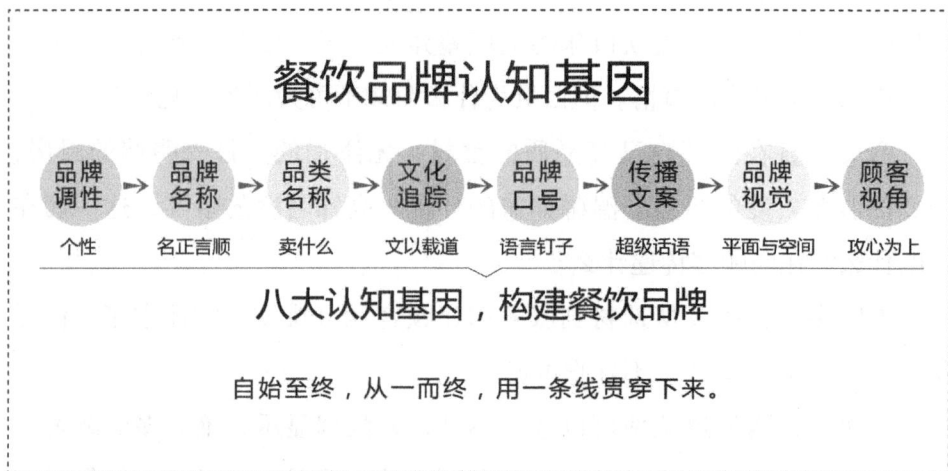

餐饮品牌认知基因

品牌调性 → 品牌名称 → 品类名称 → 文化追踪 → 品牌口号 → 传播文案 → 品牌视觉 → 顾客视角

个性　　名正言顺　卖什么　文以载道　语言钉子　超级话语　平面与空间　攻心为上

八大认知基因，构建餐饮品牌

自始至终，从一而终，用一条线贯穿下来。

图 3-2　餐饮品牌认知基因的构建方法

要素一：关于品牌调性的认知

品牌调性如人的性格。

人有千面，性格各不相同，一个人的性格就是他的调性。同理，品牌如人，也是有格调和性格的。品牌一旦定了格调，那么后续的风格就要围绕品牌调性展开。我们常常发现很多餐饮企业的经营战略和本身文化不符，这是因为其没有找准调性，没有将调性贯穿到文化和设计呈现中。

品牌调性也不是空想出来的。我们要从市场分析、人群分析、产品分析、自身分析、文化属性这五个层面出发，立体化地分析品牌，从而提炼出品牌调性的关键词，再由关键词去引出更多的内容。分析品牌调性的五个维度如图 3-3 所示。

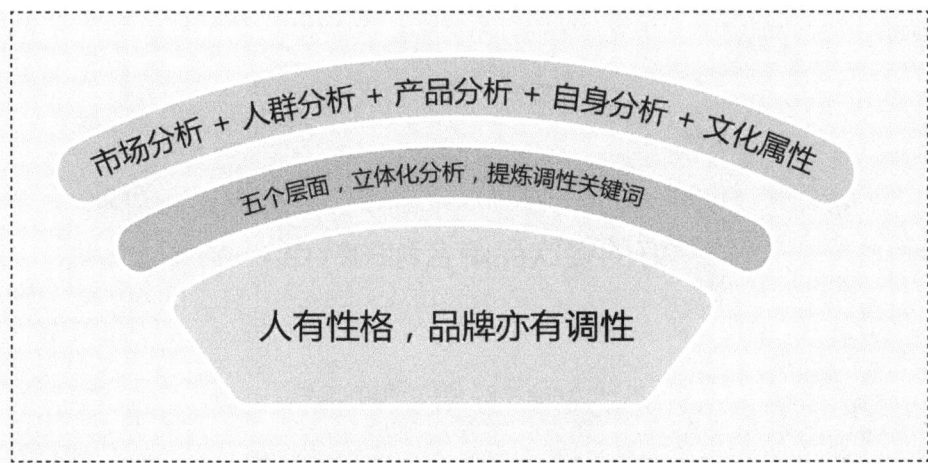

图 3-3 分析品牌调性的五个维度

要素二：关于品牌名称的认知

名不正真的言不顺。

好的品牌名称应具有好记忆、易传播、具有餐饮属性、具有文化渊源、无歧义、无生僻字等特点（如图 3-4 所示），当然不一定要全部具备这些特点。例如，真功夫、馍小贝、蒸旋风、子曰烧饼、西少爷、鱼你在一起、渝是乎、一起见个面、外婆家、绿茶、水货、小猪猪、松子、三只松鼠、老娘舅、金百万 、麻辣森林、大鸭梨、支付宝、微信、小米、荣耀、淘宝、天猫、亚马逊、甲骨文、好肋、馍特……我们可以将这些名字归为如下几类：隐含人物式名字、隐含动物式名字、生活中认知度较高的名字、巧用谐音的名字、一语双关的名字。

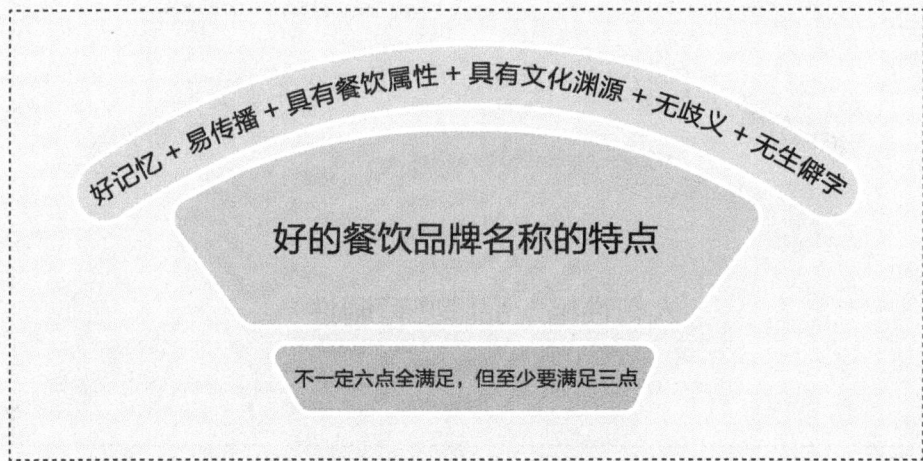

好记忆 + 易传播 + 具有餐饮属性 + 具有文化渊源 + 无歧义 + 无生僻字

好的餐饮品牌名称的特点

不一定六点全满足，但至少要满足三点

图 3-4　好的餐饮品牌名称的特点

要素三：关于品类的认知

快速告诉顾客你是谁。

餐饮品类就是餐饮品牌对外呈现的主打类别。例如，巴奴毛肚火锅、乐凯萨榴莲比萨、旺顺阁鱼头泡饼等，单从名字就能看出主打的是什么。未来餐厅越来越多，品牌餐饮也越来越多，而要想让顾客记住，就必须遵循"少就是多，以小博大"的原则。

通过多年的实践和考察，我总结出了六种品类塑造和提炼的方法，分别是"招牌菜差异化聚焦法则"（如巴奴毛肚火锅、西贝莜面村、喜家德虾仁水饺）、"味道差异化聚焦法则"（如酸菜鱼、臭鳜鱼、麻辣烫、麻辣兔头）、"工艺差异化聚焦法则"（现包、现蒸、现熬、大锅油焖虾）、"地域差异化聚焦法则"（如来自富春江的活鱼、云南原生态火锅）、"资源差异化品类聚焦法则"（如旺顺阁立足于大鱼头不容易吃到、王品牛排立足于一头牛只出六份牛排）、"新体验差异化聚焦法则"（如呷哺呷哺开创吧台式火锅）。

品类聚焦要注意的事项如图 3-5 所示。

品类聚焦要注意什么

老餐饮品牌	新餐饮品牌	跨界餐饮品牌
招牌菜-市场竞争机会	成熟品类-差异化特色	创新品类-脱离大众认知
西贝莜面村 巴奴毛肚火锅 阿五黄河大鲤鱼 喜家德虾仁水饺	西少爷肉夹馍 鲜牛记牛肉火锅 渝是乎酸菜鱼 红唇串串香	便所餐厅 性文化餐厅 雕爷牛腩 黄太吉煎饼
水到渠成	顺势而为	期望过高

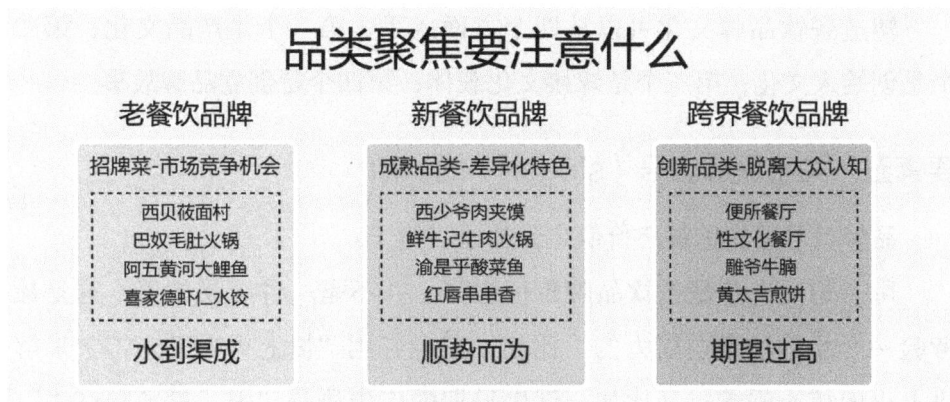

图 3-5 品类聚焦需注意的事项

要素四：关于品牌文化的认知

文以载道，文化指引道路。

为什么文化能指引发展的道路？一家企业、一个品牌，甚至一个人都有自己内在的文化积淀，文化决定企业、品牌、个人的行动，这就是文化理念的力量。我们看到很多昙花一现的餐饮企业，大多数没有建立品牌文化，没有品牌文化，品牌就没有根。那么餐饮品牌文化该如何塑造？该从哪些方面入手呢，具体答案如图 3-6 所示。

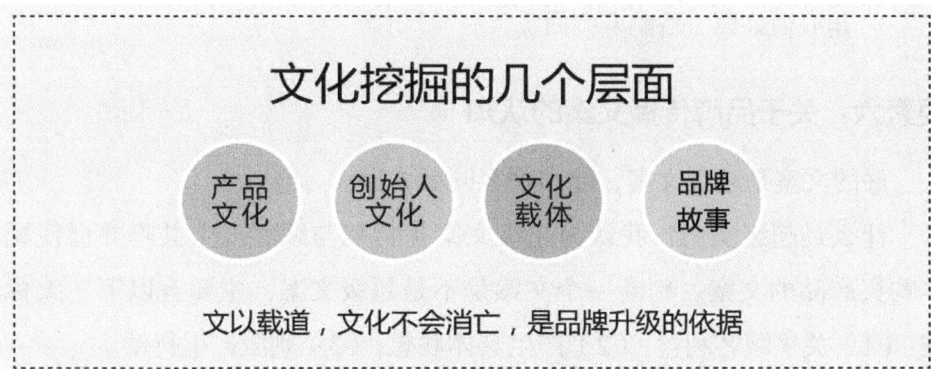

文化挖掘的几个层面

产品文化　创始人文化　文化载体　品牌故事

文以载道，文化不会消亡，是品牌升级的依据

图 3-6 品牌文化塑造的几个层面

塑造餐饮品牌文化可以从四个方面入手，第一个是产品文化；第二个是创始人文化；第三个是嫁接文化载体；第四个是创立品牌故事。

要素五：关于品牌口号（slogan）的认知

品牌口号是表达核心价值主张的语言钉子。

用一句话讲清楚餐饮品牌价值主张，并不是一件容易的事，这是最考验一个品牌的塑造能力的。比如，王老吉用"怕上火喝王老吉"来解决上火的核心需求；又比如，红牛早期的广告语是"困了累了喝红牛"，这也是有具体诉求的语言钉子。

以下这些常见的品牌口号都是值得学习和借鉴的例子。

- 困了累了喝红牛（红牛早期的口号）。
- 服务不是巴奴的特色，毛肚和菌汤才是（巴奴）。
- 闭着眼睛点，道道都好吃（西贝）。
- 营养还是蒸的好（真功夫）。
- 可以喝汤的麻辣烫（杨国福）。
- 农夫山泉有点甜（农夫山泉）。
- 大鱼头不容易吃到（旺顺阁鱼头泡饼）。
- 用心做好面（谷鹏麻鸭面）。

要素六：关于品牌传播文案的认知

好的文案是超级文案，能和顾客同频共振。

什么是超级文案？我认为超级文案是指能与顾客产生共鸣并促使顾客购买产品的文案。判断一个文案是不是超级文案，主要有以下三大标准：（1）关乎顾客利益；（2）产生具体联想；（3）刺激产生行动。

这三个标准满足其中的一两个即可，三个都满足则更好，一个也不符合的则是无效传播文案。在这里，我们还是以巴奴毛肚火锅为例进行介绍，图3-7为巴奴毛肚火锅的宣传文案。

现在，很多人排队吃火锅
不是为了服务
而是为了毛肚
巴奴毛肚火锅
服务不是巴奴的特色
毛肚和菌汤才是

图 3-7 巴奴毛肚火锅的宣传文案

巴奴的这组宣传文案，经常出现在其对外宣传主画面中。这几句话非常简单，但传递了很多信息，并且都是对顾客有用的信息。该文案的吸睛之处在于从顾客自身出发，让顾客感觉是另外一位顾客在向自己描述一件事情；并且该文案一开始暗含了自己的餐厅经常处于排队状态，顾客对于吃饭要排队的餐厅是很好奇的，这能够刺激其产生行动；紧接着说出了大家排队的原因竟然是为了毛肚，进一步吸引顾客去尝试；最后点出主题：服务不是我的特色，毛肚和菌汤才是。这句话非常巧妙，一来降低了顾客关于产品之外的期望值；二来更加直截了当地突出了自己的特色。

要素七：关于品牌视觉的认知

好的品牌视觉应该是符号化的，用持续高效的符号或 IP 形象降低传播成本。

视觉设计不仅仅是为了好看酷炫，因为好看酷炫的东西不一定能产生认知，甚至可能成为干扰品牌认知的阻碍因素。那么什么样的视觉设计才算是好的设计？在我们构建的餐饮品牌认知理论体系中，能够让品牌瞬间产生认知的视觉符号和形象，我们称之为餐饮品牌的 IP（知识产权）形象。品牌所有者可以通过 IP 形象降低顾客的品牌认知成本，从而降低品牌的传播成本。

关于餐饮品牌的 IP 形象，我总结了五个特点，即需要满足可识别性、可传播性、可记忆性、可延伸性、可关联性。这五个特点满足得越多，说明 IP 形象越成功，图 3-8 和图 3-9 所示的 IP 形象就很成功。

图 3-8　西贝的"爱心"就是它的 IP 形象

图 3-9　真功夫标识里暗含的功夫形象就是它的 IP

要素八：关于顾客认知

找准顾客认知，方能和顾客同频共振。

顾客是上帝，是衣食父母，在餐饮消费关系中，如何服务好顾客，从而实现利润最大化，是每位餐饮人要考虑的问题。

很多餐饮创始人经常抱怨，明明自己已经很努力了，为什么还没有吸引到顾客？要弄明白这个问题，首先要明白，任何一门学问都是有基础理论做支撑的，对于餐饮品牌的学习也是一样，很多餐饮人参加了很多培训课、学习了很多理论，但却不知道如何将这些内容运用于自己的餐饮企业中。

为什么会出现这种情况呢？在品牌认知体系中，顾客认知是最后一环，也是最重要的一环，我们要想和顾客同频共振，就要找准这个频率的具体所在和具体所指，只有找准了顾客的频率，并据此调整自己的频率，二者才会共振，并产生巨大的能量。

其实顾客信赖一个餐饮品牌是要经过一系列复杂过程的，我提炼出了八个阶段供大家参考。

顾客信赖餐饮品牌所经历的八个阶段是顾客第一认知、顾客利益判断、顾客尝试消费、赢得顾客满意度、顾客重复消费、形成顾客认同、顾客喜爱信赖、认同品牌价值与信仰。这八个阶段正好对应了你要给顾客提供什么，并且这八个阶段的顺序不能打乱。我将这八个阶段简称为C1~C8，C代表顾客（customer）。

C1. 顾客第一认知→餐厅的菜品和菜系

C2. 顾客利益判断→菜品是否符合我的利益需求

C3. 顾客尝试消费→符合需求后尝试购买

C4. 赢得顾客满意度→购买后体验不错

C5. 顾客重复消费→再次购买体验依然不错

C6. 形成顾客认同→想吃 ×× 的时候首先想到该餐厅

C7. 顾客喜爱信赖→很喜欢和信赖你的品牌，自发为你传播

C8. 认同品牌价值与信仰→认同你的品牌核心价值诉求，不允许别人诋毁

我们不妨拿巴奴毛肚火锅举个例子。

C1. 顾客第一认知→巴奴是火锅

C2. 顾客利益判断→巴奴的毛肚和菌汤符合我的利益选择

C3. 顾客尝试消费→品尝了巴奴的毛肚和菌汤

C4. 赢得顾客满意度→毛肚和菌汤果然很不错

C5. 顾客重复消费→吃了第一次后还很想念巴奴的毛肚和菌汤

C6. 形成顾客认同→想吃毛肚的时候第一选择是巴奴

C7. 顾客喜爱信赖→巴奴不仅毛肚、菌汤好，他们家其他产品一样很棒，很有品质，我愿意向好友推荐和分享

C8. 认同品牌价值与信仰→巴奴提出的产品主义我很认同，守正出奇，我能感召到这种价值主张。

假如巴奴从一开始就在宣扬产品主义，守正出奇，顾客能明白巴奴要表达什么吗？答案肯定是不能。因为顾客目前在 C1 阶段，而你表达的是 C8 阶段的内容，顾客如何能明白？

只有弄清楚了顾客认知事物的思维逻辑，我们才能真正站在顾客视角表达自身品牌的卖点。基于这八个阶段，我将顾客对餐饮品牌形成认知的过程精简提炼为四个阶段，分别是顾客第一认知、顾客利益判断、顾客尝试消费、顾客认可价值，如图 3-10 所示。

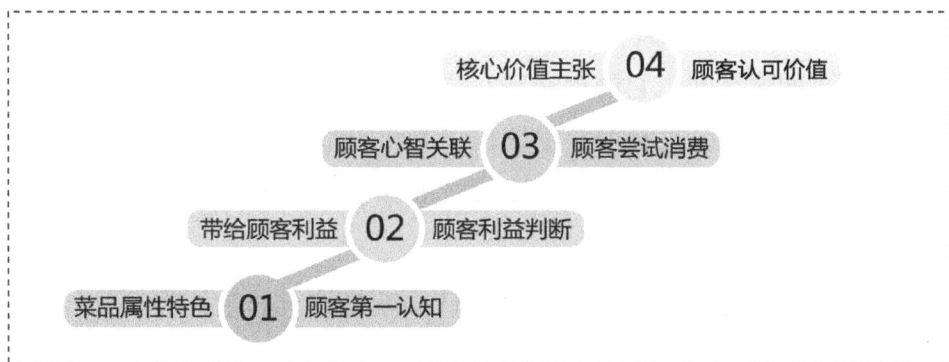

图 3-10　顾客对餐饮品牌形成认知的过程

我们在了解顾客认知之前，首先要忘记自己的身份，并站在顾客的角度去考虑问题。忘记自己的身份，是为了避免陷入自嗨陷阱。从顾客视角考虑问题，是将自己当成一名顾客。

如果顾客根本不了解某一品牌，顾客的第一认知就是该品牌卖的是什么、有什么特色，当有了这些认知后，顾客才会判断该品牌的产品是否符合自身需求，做出购买的决定，并判断价值的一致性，以及是否重复消费，当重复消费达到一定次数的时候，才会关注品牌的内在文化。图 3-11 展示了巴奴毛肚火锅的顾客认知形成路径。

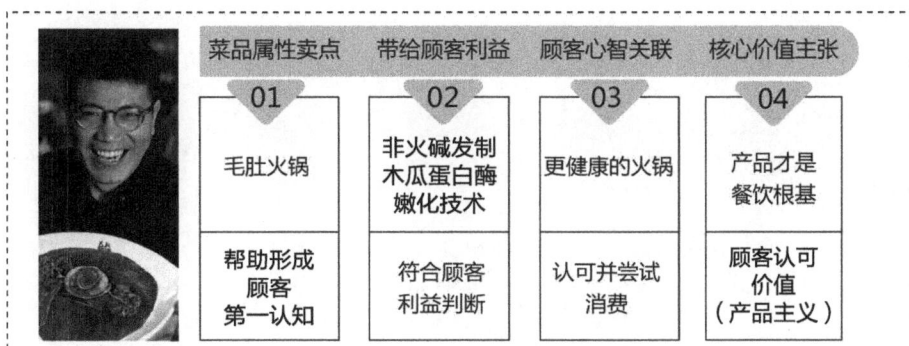

图 3-11　巴奴毛肚火锅的顾客认知形成路径

　　巴奴在 2014 年之前，其实已经做了近十年的火锅产品，之前为什么没有让更多的顾客知道它的存在呢？原因是其没有构建出清晰、正确的品牌认知。直到创始人杜中兵提炼出了毛肚的差异化价值，将这一爆款产品做到极致，同时还对整个菜品体系进行了大升级，巴奴才算是脱颖而出。

　　对于一家餐厅来说，顾客的第一认知就是该店的主打产品是什么，有什么特色。现实中很多餐饮人却忽略了这个最根本的问题。于是巴奴在提出毛肚火锅概念后，立即对产品进行拔高，即宣传巴奴的毛肚不是火碱发制的，而是采用了"木瓜蛋白酶嫩化技术"，这项技术使毛肚更加健康安全，这直接关乎顾客的利益，也促成了顾客的购买。就这样，巴奴把顾客认知的前两步很好地完成了。顾客认知的第三步是尝试消费，顾客尝试后感觉巴奴毛肚不错，口口相传也就传开了。巴奴紧接着又提出产品主义，其实这个产品主义本身是讲给餐饮业内人士听的，然而那些喜欢巴奴的顾客或者已经成了巴奴的粉丝顾客，也开始关注这个企业的价值主张，并且认可了巴奴的价值主张。就这样，巴奴毛肚火锅让顾客对它的品牌形成了清晰的认知。

第四章

品牌定位篇：建立品牌认知基因，主动抢占顾客心智

国内做品牌咨询的从业者众多，关于品牌定位的方法也数不胜数，甚至很多企业家和一些餐饮品牌创始人都有自己的一套定位方法。这其中的很多方法出自特劳特的《定位》一书或与其相关的延伸图书。

《定位》一书的关键词是"顾客心智"，因此大家都在强调"顾客心智"一词的重要性；其实如何找到占据顾客心智的方法，才是解决问题的关键。在第三章我重点阐述了品牌认知理论的诞生以及特点，在本章我将深入地谈谈如何依靠建立品牌认知基因，主动抢占顾客心智。

餐饮品牌定位的终极目的是什么

关于品牌定位的目的，我的理解是这样的：企业利用品牌去占据顾客心智，并使得该品牌成为顾客心智中的优质资源。品牌一旦通过成功定位，成了顾客心智中的优质资源，就能在顾客心智中构筑一个坚实的堡垒。

纵观一些知名品牌我们会发现，但凡成功的品牌，都在顾客心智中成功地拥有一席之地，并成了顾客心智中的优质资源。比如红牛代表着能量饮料，王老吉代表着预防上火的饮料，海底捞代表着服务至上的火锅……

但是，绝大多数不知名的品牌并没有在顾客心智中形成一个清晰的概念。在信息大爆炸的时代，餐饮企业若不能在顾客心智中占有一席之地，其所拥有的不过是一堆钢筋水泥罢了，会被那些占据了顾客心智的对手所超越甚至掌控。

相反，品牌一旦成功占据了顾客心智并成为优质资源，就会对竞争对手的信息形成有效的屏蔽，其市场地位也将会牢不可摧。那些成功抢占顾客心智的品牌，在成为顾客心智中的优质资源后，凝聚了更庞大的社会资源，与此同时，人才、资本、渠道乃至整个产业链都向其汇集，从而会在经营层面形成更高的行业壁垒，与心智壁垒一道构筑起坚实的防线。

那么，什么是顾客心智资源？心智资源是如何产生的

顾客心智资源其实是基于顾客需求产生的。顾客的生存需求、安全

需求、社交需求、被尊重的需求等构成了最基本的心智期待，顾客通过对事物的认知来判断其是否满足自己的需求。那些能够满足顾客需求的商品或品牌将沉淀到顾客心智中，形成顾客心智资源。

一个品牌一旦成为某个顾客心智中的资源，那么该品牌就获得了一个有价值的目标顾客。

在餐饮行业，一个新品牌获得一个新顾客的成本是非常高的。顾客需要经历了解、接触、利益判断、综合体验、用餐后的评判等一系列过程，才会决定是否要重复消费。在这个过程中，任何一个环节出问题，都可能导致获得顾客计划的失败，失败后如果餐饮企业再想争取这个顾客，则要付出几倍甚至几百倍的努力。

顾客心智资源存量有限，并且呈阶梯式分布

人类活动离不开最基本的四大需求：衣食住行。衣食住行是四个大类别，里面包含了成百上千的子类别，子类别里又可以衍生出无数个小类别。然而遗憾的是人类的大脑不是计算机，不仅存储信息有限，而且还善于遗忘。特劳特在《重新定位》一书中也强调了心智的这个特征，即心智存量有限，因此心智资源容易被遗忘和替代。饮食在衣食住行中承担着维系人们生存需求的作用，饮食分为"饮"和"食"两个大类别，根据渠道又分为流通类别和餐厅类别。

流通类餐饮可选择的推广渠道较多，打个广告就可以很快让人见到并记住，比如蒙牛、伊利是牛奶品牌的代表，王老吉、加多宝是凉茶品牌的代表；但是餐厅类餐饮本身模式重、体量大，和前者的推广模式截然不同。顾客能够记住的往往是自己熟悉的、距离近的、有口皆碑的餐饮品牌，比如想喝咖啡了会去星巴克、COSTA、瑞幸，想喝中式茶饮了会去喜茶或奈雪的茶。

只有像海底捞、西贝等知名餐饮企业经过多年积累已经做出了名气，

再加上长期不断的宣传和支持，才能够让那些还没有店面覆盖到的区域的人也知晓，或者只有像肯德基、麦当劳、杨国福麻辣烫等这些动辄几千家门店的品牌，其覆盖面足够广，才可以达到占据顾客心智的目的。

那么新生餐饮品牌该怎么办？

对于新生餐饮品牌来说，找到自身的差异化，并在一个细分领域深耕细作是完全有可能成为品牌餐饮的。市场经过不断细分后，每个细分领域总会出现一两个寡头，占据核心市场份额。

如图 4-1 所示，因为顾客心智存量有限，所以顾客心智中能存储的资源也是有限的。品牌要想让顾客记住，就必须进入顾客心智的核心位置，进入核心位置的过程则是一个品牌从弱到强的过程，直到该品牌做到某个细分领域的第一、第二，才可能被大多数消费者形成认知，最终才会成为市场赢家。

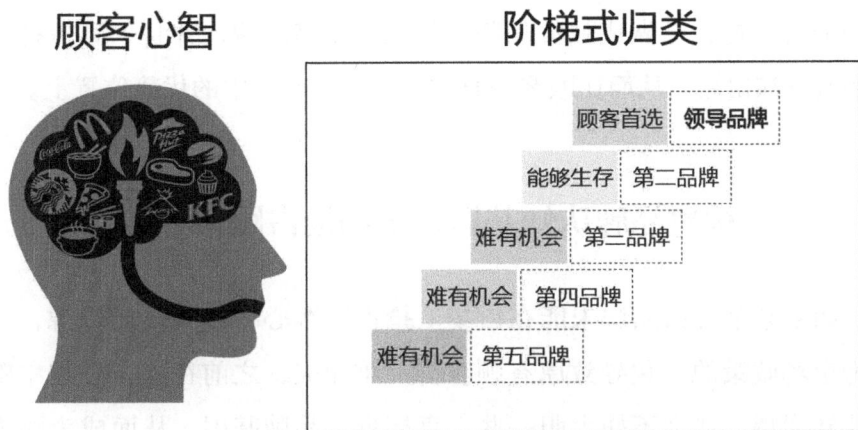

▲ 因为心智资源有限，所以品牌要做到细分领域的第一、第二

图 4-1　顾客心智对商品呈阶梯式归类

心智并不忠诚，定期刷存在感是非常有必要的

那么，品牌在顾客心智里有了位置是不是就万事大吉了？当然不是，

因为顾客心智对资源的忠诚度是不高的，一旦在同一个细分领域有更好的资源入侵，顾客心智中的资源次序就会改变。

基于心智的这个特征，很多知名的大品牌也需要持续、重复地做广告宣传，一方面强化品牌在顾客心智中的地位，不让顾客在心智中清除自己；另一方面期望在不断成长起来的年轻群体中获取存在感。例如，肯德基、麦当劳、可口可乐早已是众多顾客心智中的优质资源，它们仍然在变着花样做广告。

我们举一个在现实中比较普遍的例子。在某个城市的某条街，有几家做得不错的火锅店，其中有的还是连锁品牌，该品牌在这条街乃至这个城市，都拥有一定口碑和顾客忠诚度。可是某一天，这条街上来了海底捞或者巴奴毛肚火锅，那么原来生活在这条街上的人们将会拥有更多的就餐选择，只要外来者足够优秀，顾客的选择就会发生转变。

就算是海底捞和巴奴，也有可能在某一天被后来者超越，它们唯一能做的就是把自己做成强势品牌，甚至是驰名品牌，并且一直保持着优良的服务和出品，从而让顾客一直把它们放在心智中的优势位置上。

构建品牌认知基因，主动抢占顾客心智

如果某个餐饮品牌未能在市场上抢占顾客心智成为优质资源，或者因为市场政策的变化导致原有顾客群严重流失，之前在顾客心智中塑造的认知崩塌，那么不妨大胆一些，直接重塑品牌基因，从而成为顾客心智中的新资源，最终开辟一片新的餐饮市场。

站在市场的角度，品牌认知基因完全是餐饮企业可以自己构建出来的。那么，品牌认知基因该如何构建？

我们首先要研究的是顾客需求。因为顾客有需要被满足的各种需求，

所以优质资源可以占据顾客心智，顾客需求便成了占据心智的诱因；又因为顾客的消费是基于认知判断而最终做出决定的，所以品牌认知便成了顾客产生消费的引导要素。餐饮企业构建品牌认知基因的具体步骤如下所示。

第一步：发现顾客需求（发现顾客的潜在需求是前提）

第二步：塑造购买理由（顾客的需求有很多，塑造购买理由可以让顾客更精准地选择你）

第三步：构建认知基因（基于顾客需求与购买理由，构建属于自己的品牌认知基因）

第四步：植入顾客心智（让顾客通过对品牌认知基因的识别，将该品牌植入心智）

第五步：成为优质资源（日积月累地对品牌加以维护和宣传，最终让品牌成为顾客心智中的优质资源）

这里面最重要的就是第三步：构建品牌认知基因。

顾客只有足够了解或者经常体验一个品牌，他们才会在心智中形成记忆。品牌势能越强悍的品牌，在顾客心智中的位置就越明显，反之则可能处于被遗忘的角落里。餐饮品牌如果能够建立一套完善的认知图谱，该品牌就有可能主动抢占顾客心智，将会拥有更多被顾客识别的标签，从而避免被顾客遗忘。

我在前文中剖析了心智资源的规律，并且在第三章着重讲述了餐饮品牌认知基因的八大要素，在此结合实际案例，推演一下品牌认知基因的塑造过程。

在餐饮品牌认知体系中，我把品牌调性放在了第一位，品牌调性是一个品牌的基调，它决定了品牌的气质。品牌调性，是基于品牌的对外表现而形成的品牌印象，如果从品牌人格化的角度来说，等同于人的性格。品牌调性并不显化，看不见摸不着，常常匿形于具体的品牌表现中，但品牌调性对品牌成败的影响程度远远超出常人的想象。品牌调性如果违背了行业属性，这个品牌就无法走远，这是自由市场的潜规则，不为个人的意志而转移。举个例子，星巴克咖啡，它的品牌调性就是舒适、休闲、自由，其品牌调性是通过它的广告宣传、店内的装饰、服务体验、产品体验等多方面的因素传达出来的。

品牌调性是一个品牌的灵魂。

那么品牌调性从何处得来？在实际构建中我们要考虑哪些因素？我在本书第三章里总结了五个层面的要素，分别是市场分析、人群分析、产品分析、自身分析和文化属性。

基于市场数据，我们应先了解自己所做餐饮业态的整体趋势，比如所做的是火锅，就要先了解整个火锅市场的基本情况，从而找到未来的发力点。从市场层面来说，火锅市场足够大；从人群受众上来说，拥有广泛的拥趸；从产品层面来说，其不是冷门产品，是日常消费频率比较高的美食。

然而，这些分析仅仅得出了火锅是一个可以发力的事业，倘若要提炼精准的品牌调性关键词，我们还必须进行深层次的分析。比如在我们所做过的火锅案例中，有一个品牌叫"碟滋味火锅"，该品牌用了9年的时间开了60家店，当时面对的最大问题是品牌给人的印象过于普通，普通到没有明显的品牌调性、没有差异化品类名称、没有品牌口号、没有传播文案，也没有统一的品牌形象。

从品牌认知角度上讲，该品牌除了拥有品牌名称外，其他认知基因图谱都是缺失的。

我们要做的事情就是对碟滋味的已有品牌基因进行筛选，找到能对品牌发展有用的基因，并加以强化，清除那些不利于或者干扰品牌的基因。

在接到这个项目的时候，我们被他们办公室的一句话吸引了——"让听见炮火的人来指挥战斗"。原来，他们的创始团队成员大多是退伍的特种兵，因此他们把军人精神全面融入了品牌。但站在市场层面，顾客来餐厅消费的是品牌所带来的一系列体验，而不是创始团队的经历。

我们经过一系列数据调研分析后，发现碟滋味品牌老化现象过于严重，原有的顾客群年龄越来越大，而年轻的顾客则越来越少。火锅的主力消费群体年龄主要集中在 18~35 岁，之前的那些老顾客很多都已经超出这个年龄段了，而新成长起来的年轻群体的喜好已经发生了变化。所以碟滋味的品牌调性必须要重塑，最终我们将碟滋味品牌调性关键词提炼完毕后，总结成一句话——"新时代麻辣生活方式"。

碟滋味有了品牌调性后，品牌就拥有了灵魂。其不仅让项目方明晰了做这件事的目的和方向，更重要的是让策略团队和设计团队确认了文案撰写的风格和视觉设计的方向，从一开始就明确一条主线，后面的执行就不会跑偏了。

我们把"麻辣文化＋民族文化＋时尚气息"作为整体指引方向，以此生发出品类名称——麻辣火锅，品类上不再局限于"四川"这两个字，而是占领庞大的"喜爱麻辣味道的群体"。这样做的原因是通过对整个火锅市场大数据的研究，以及精准的顾客调研，我们发现目前顾客比较喜爱的火锅类别前三位是麻辣火锅、串串火锅、酸菜鱼火锅，以麻辣火锅为主流，其拥有 85.96% 的支持率（这是在四川地区，其他地区的比例为60%~80%）。

有了"麻辣火锅"这个特定品类认知后，下一步是塑造口号认知。我们结合碟滋味的品牌名称以及麻辣火锅的属性，提炼出了"碟中百味，一锅煮沸""麻辣香醇，一次用油"的传播口号。有了传播口号之后，再下一步是撰写传播文案，比如从"碟中百味，一锅煮沸"延伸出"精选好食材，碟中汇百味，一锅麻辣香，煮沸世间味"；从"麻辣香醇，一次用油"延伸出"坚持自然麻辣之香，不使用香精、色素、添加剂，让麻辣回归自然之味，香醇厚重，回味悠远。坚持一次用油，每一锅都是新油，为健康保驾护航，只做良心味道"。

当品牌调性、品牌名称、品牌文化、品牌口号、品牌文案确定下来之后，再下一步就是塑造碟滋味的视觉基因了，包括品牌标识、品牌 IP 形象、品牌视觉识别、品牌空间效果、品牌传播画面等。为了为品牌寻根，找到一个强有力的 IP 符号，我们特意调研了四川文化元素在四川乃至全国范围内的知名度排序，通过数据分析，我们发现最为人们所熟知的几个四川文化元素分别为川剧变脸、大熊猫、麻将。为了最大限度地凸显品牌识别度和传播度，经过一番研究后，我们最终选择"大熊猫"为创作蓝本，为碟滋味创作了视觉形象，如图 4-2 和图 4-3 所示。

因为熊猫已经不仅仅是四川的代名词，其已经享誉全球，是我国的国宝，所以引入这一元素将使品牌形象有更大的延展空间，为碟滋味今后开拓海外市场奠定认知基础。

图 4-2 碟滋味火锅以卡通熊猫为 IP 形象

图 4-3　碟滋味火锅对卡通熊猫形象的应用

碟滋味在导入新的品牌认知基因后，经过一年多的发展，店面数量迅速翻了一番，达到了 120 余家。客流量也得到了明显提升。从碟滋味的案例中，我们得到这样的启示：一个品牌要想获得长久的发展，必须建立起持续可传承的品牌认知基因，以此快速抢占顾客心智，为成为顾客心智中的优质资源打下坚实的基础。碟滋味重塑品牌后，从原先只有一个名称认知，到现在有了更多被顾客记住的身份标签，比如品类是麻辣火锅，IP 形象是动感十足的熊猫，这些就是一个品牌自我构建出来的认知基因。

构建品牌认知基因有捷径吗

构建品牌认知基因是否有捷径？要想回答这个问题，我们需要弄清楚品牌认知基因的作用是什么。

品牌认知基因其实解决了品牌的两大问题：一个是如何快速被顾客识别；另一个是如何让品牌更长久地传承下去。

"快速识别"和"品牌传承"是塑造品牌的两个难点，如果解决了这两个难点，餐饮企业就能够走上构建品牌认知基因的捷径。

借鉴顾客心智中已有认知的事物，可以事半功倍

我们在生活中总能看到很多熟悉的符号，或者听到一些熟悉的话语，这些符号是大家司空见惯的，这些话语是大家口口相传的。我们把这些能够被大多数人认知的符号、画面、话语、故事等称为顾客心智中已有认知的事物。比如图 4-4 中的这些品牌，你或许就见过或听过。

▲ 功夫形象　　　▲ 熊猫快餐的熊猫形象　　　▲ ♥ 的形状

▲ Hi 的符号　　　▲ 生活术语：　　　▲ 巧用生活中提及率
　　　　　　　　　　××还是××的好　　　非常高的询问语句

图 4-4　常见的品牌及符号

真功夫中式快餐以功夫作为创作蓝本，而塑造了自己的卡通 IP 形象，如图 4-5 所示。

功夫形象是已经存在于很多人的认知中的，真功夫快餐只不过是唤醒了存在于人们内心中的已有事物，所以可以快速地被识别和传播开来。

图 4-5　真功夫快餐招牌形象

　　还有美国的熊猫快餐，可能很多人还不知道或者没有听说过，但假如有一天你去美国，走在大街上，看到它的标识，你一定能够联想到中国元素，联想到我们的国宝，联想到这是一家中式餐饮，如图 4-6 所示。事实上熊猫快餐的创始人是华人程正昌，他所创建的熊猫快餐在美国已经有 40 多年的历史了，店面数量已经将近 2000 家，这才是真正意义上的中式快餐领头羊。它将中国大熊猫作为品牌形象，不仅直接明了，而且方便传播。每当消费者看到它的熊猫形象，就会不由自主地将它和中餐联系起来。

图4-6　熊猫快餐门头形象上的卡通熊猫

其实，西贝莜面村的品牌认知之路曾经走得相当曲折，创始人贾国龙先生被餐饮圈称为"最能折腾的餐饮创始人"。西贝经历过四次重大的品牌认知改造，从西贝莜面村到西贝西北菜，从西北菜到烹羊专家，再从烹羊专家回归莜面，以及2016—2017年一直努力塑造的西贝副牌——"麦香村"（西贝的一个子品牌，前后耗时两年多，投入了巨大资金，最终却以暂停收场），无不展示着西贝处处"折腾"的精神。

西贝的超级符号以及超级口号，即"I ❤ 莜"和莜面是正好有机结合的，不仅从视觉上形成了颇具特色的形象，而且从语言上彻底解决了困扰西

贝二十几年的莜面认知度问题，可以说这个符号成了西贝最重要的品牌资产。假如西贝依然叫西北菜或者烹羊专家，那这个符号和话语与它的品类就是不搭配的。

海友酒店同样用了符号化的标识即"Hi"作为图形标志，无论是英文还是中文都是见面打招呼的意思，这个符号的巧妙之处是可以快速识别，很多人看到后会不由自主地在心里默读这个单词，这不仅能加深品牌在顾客心中的印象，而且也可以加快传播。

除了符号化的标志，生活中那些耳熟能详的话语也一样颇具"认知魔性"，比如真功夫的"营养还是蒸的好"。为什么这句话会让你听着耳熟？

因为这是一句非常生活化的句式，并且这个句式在广大顾客心智里是有认知的。比如在生活中我们提到饺子会不由自主地说"水饺还是现包才好吃"；提到面条，会说"面条还是手擀的好"；提到袜子可能会说"袜子还是纯棉的舒服"。"什么还是什么"这样的句式广泛存在于人们日常对话中，甚至延伸到各个方面。

这就是认知的力量。

再举个大家耳熟能详的例子：蓝翔技校目前在国内几乎妇孺皆知，为什么会妇孺皆知？是因为它投放了大量的电视广告吗？是因为有名人代言吗？当然这些因素必不可少，但是真正让它传播开来的，却是那句耳熟能详的广告词："挖掘机技术哪家强？中国山东找蓝翔。"

你可能会疑惑，这不就是一句在很简单的宣传语吗？并没有什么魔力呀！是的，这句话简单通俗，但很多人不仅能记住，而且还在帮着一起传播。

细细推敲，你会发现，这是一句在生活中非常常见并且使用率非常高的设问句。比如，"哪家餐厅烤鸭好？某某餐厅错不了。""少儿英语哪家好？某某机构快来找。""学习武术哪家牛？某某武校数一流。"我们在生活中会经常遇到这样自问自答的话语，甚至是刚满几周岁的小孩也会说上几句。

在人们心智中已有认知的事物，是塑造品牌认知基因的首要"猎物"。它可以是某个符号、某句话、某个人物、某个画面、某个声音、某个故事甚至是某部电影。人们会通过五觉（视觉、听觉、嗅觉、触觉、味觉）来感受这个符号和话语，只要这些事物具有一定的知名度和可传播性，并且和自己的品牌相关联，就可以为己所用。

那么，我们如何才能找到这些人们心智中已有认知的事物？又如何去匹配自己的品牌？

构建品牌认知基因是一场非常考验技巧的持久战，即使明白这件事情很重要，但依然有很多餐饮人不知道从哪里入手，更不知道该如何筛选。因为存在于人们已有认知中的事物浩如烟海，这个找寻的过程如沧海拾贝。

为了把这个过程变得简单，我们深入分析一下真功夫、熊猫快餐、西贝莜面村、海友酒店等，会发现一个奇特的现象：假如真功夫不叫真功夫，它依然叫双种子（真功夫前身），那么功夫形象和"营养还是蒸的好"就和品牌名称的关联性非常弱，强行放在一起一定是驴唇不对马嘴的。如图 4-7 所示，真功夫具有完整的品牌认知要素，并且这些要素是相互关联的。

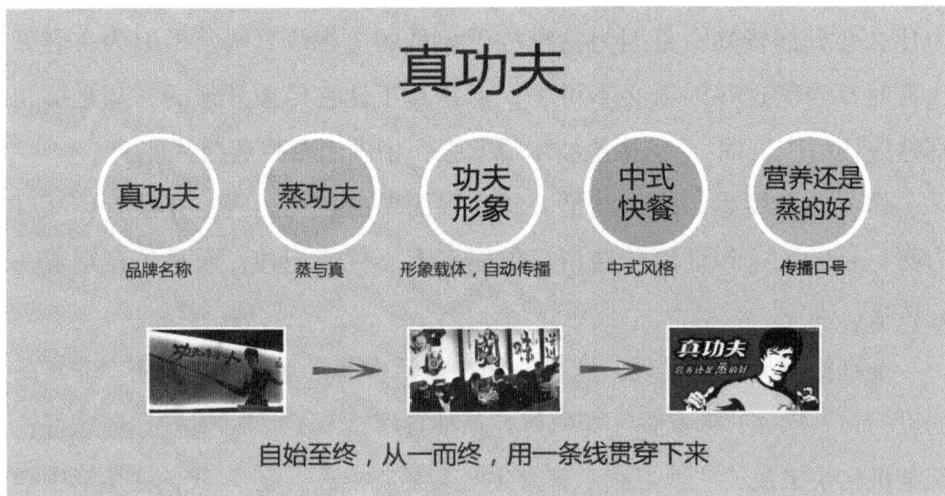

图 4-7　真功夫快餐的品牌认知要素

如果熊猫快餐不叫熊猫快餐了，熊猫的形象就不成立了，西贝莜面村和海友酒店也是一样的道理，只要去掉一部分内容，整个体系就会变得不完整，甚至是自相矛盾的。如图4-8所示，熊猫快餐也具有完整的品牌认知要素，并且这些要素是相互关联的。

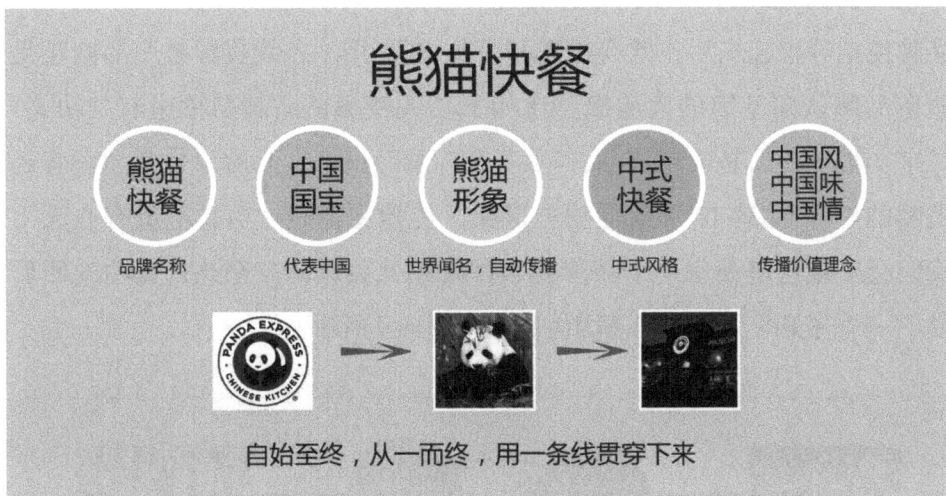

图 4-8 熊猫快餐的品牌认知要素

新的启示：从复杂到简单，一条线贯穿一个品牌

真功夫、熊猫快餐、西贝等品牌具有强识别度和传播力，是因为这些品牌的基因不是独立存在的，有一条无形的线贯穿始终，所以我们去掉任何一个节点，都会导致品牌链条断裂。

我们如果把很多球随意摆放在一起，人们是很难记住的；但倘若把这些球串成一条线形成一个整体，便可以让人们一下子就能理解和记住。

无论是真功夫和熊猫快餐，还是西贝莜面村和海友酒店，它们的品牌能让人快速记住并传播开来，是因为它们的品牌是由一条线贯穿的有机整体。

这就得出一个启示：构建品牌认知基因的目的是把品牌调性、品牌名称、品牌文化、品牌口号、品牌形象、品牌传播文案串在一起，让它们看起来是一个整体。并且这些品牌要素还必须相互关联，它们的关联性越强，整体性越强，就越像一个品牌，并且越容易被顾客记住，从而容易进入顾客心智成为优质资源。

当我们把品牌调性、品牌名称、品类名称、品牌文化、品牌口号、品牌视觉等串起来后，就会得到"一条线"，用一条线贯穿整个品牌正是塑造品牌认知基因的大前提。比如真功夫快餐，品牌名称里有"功夫"二字，售卖产品是蒸制菜品，"蒸"和"真"谐音，品牌口号是"营养还是蒸的好"，品牌IP形象是功夫形象，传播文案是"功夫不负有心人"。我们会发现这里面每一个品牌要素都是相互关联的。至此，真功夫便形成了一个完美的品牌认知基因体系，如图4-9所示。

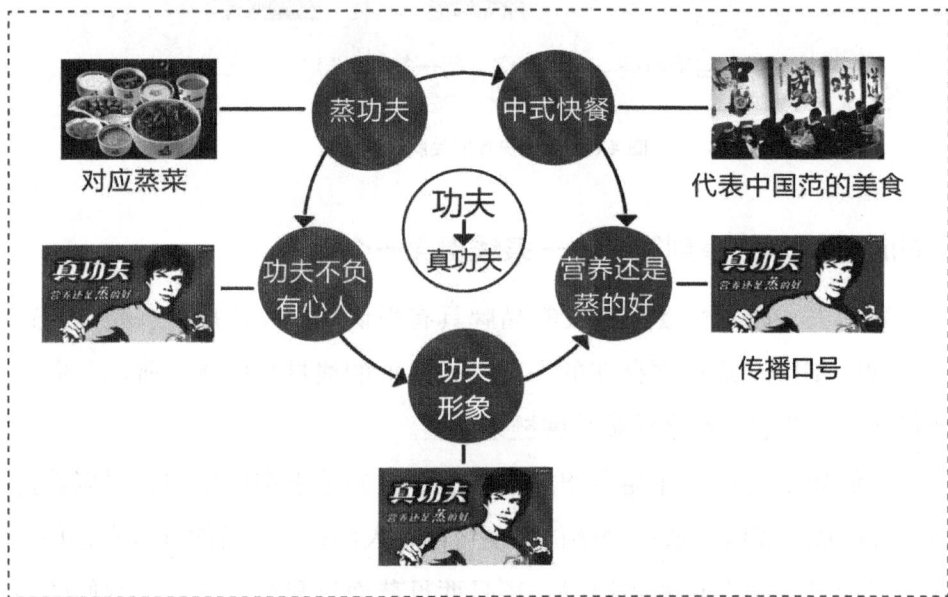

图4-9 真功夫的品牌认知基因体系

第五章

品类塑造篇：
终极目标是成为细分领域前两名

为什么越来越多的主流餐饮品牌开始重视打造品类？为什么那么多知名餐饮品牌开始更名？为什么很多餐厅可以依托一道招牌菜迅速"走红"？本章将通过品类塑造的原理和方法来逐一解答这些问题。另外，本章还将帮你透过现象看本质，知晓品类从何而来，同时了解品类的发展规律以及分化的原理，从而掌握品类塑造的方法。

品类从何而来？为什么品类细分是大势所趋

在本书第三章，我们曾阐述过品牌调性将决定一个品牌的灵魂，介绍了品牌名称、品牌口号和传播文案与品牌调性的关联。要想让这些元素链接起来变得更有说服力，并让顾客产生购买，餐饮企业还需要明确所售卖品类的重大意义。

品牌调性决定了品牌灵魂，售卖品类则直接决定了餐厅到底该卖什么。

那么，我们先来思考第一个问题：品类从何而来？

从人类饮食文明诞生到目前为止，我们经历了五大阶段：物质匮乏阶段、供不应求阶段、物质过剩阶段、品质价值阶段、品牌价值阶段。我们可以用八大菜系中的川菜来予以说明。

川菜本身是个大品类，在大家吃不饱穿不暖的物质匮乏阶段，这个品类是无法立足的。当时市场呈现的是有需求但没有购买力的状态，所以在那个时代川菜馆一定非常少，只能满足少数富裕群体的消费。

随着人们生活水平的提升，物质变得越来越丰富，这个阶段的市场出现了川菜馆供不应求的现象。人们开始大量地投资川菜店，很多人开的川菜店都轻松地实现了盈利，这也吸引更多的人加入进来。

随着物质过剩时代来临，同业竞争加剧，很多人已经不局限于在四川开店，开始进军全国市场。我们得以在全国各地都能看到川菜馆的"身影"。

人们这时候便拥有更多选择的对象，就会挑选那些装修好的、味道好的、餐厅干净的、食材安全健康的川菜店，这个时候市场进入了品质价值时代，顾客开始追求好吃、好看、好服务，而不仅仅是解决温饱。

市场越来越理性，良币开始驱逐劣币，出现了越来越多的小而美的时尚川菜店，做得好的已经成为拥有几百家门店的连锁餐饮品牌，有代表性的像蓉李记成都名小吃、眉州小吃等。类似这样具有一定品牌影响力的餐厅越来越多的时候，市场便进入了品牌价值阶段，如图 5-1 所示。

图 5-1　蓉李记成都名小吃和眉州小吃门店形象

在品牌价值阶段，很多做川菜的餐饮企业开始追求品牌化发展，因为品牌不仅代表着知名度，还能够提升餐厅的综合收益。在品牌价值阶段的市场，谁能做到行业前几名，谁就拥有品牌势能和话语权。

如今，如果你也想开一家川菜馆或成都小吃，至少在短时间内是不可能超越蓉李记成都名小吃和眉州小吃的。十年的市场打磨，给两个品牌带来了深厚的品牌积淀。假如你执意要做川菜，想有很好的发展，甚至希望能开上百家连锁店，那么这种梦想是否有可能实现呢？

当然有，并且有很多品牌已经做到了，而且是在短时间内达到几百家连锁店的规模，实现了比肩蓉李记成都名小吃和眉州小吃的梦想。比如辣小豌豌豆小面、遇见小面、川门担担面等品牌，图 5-2 为遇见小面的招牌菜和菜单样式。

图 5-2　遇见小面的招牌菜和菜单样式

辣小豌豌豆小面的所有者是魏老香餐饮集团，这个以经营鸡肉火锅起家的企业之前并没有做过川菜品牌。如果它像蓉李记一样，也把自己定义为成都名小吃，就没什么竞争优势。那么，它是如何进入市场的呢？首先，把经营品类聚焦在重庆小面，然后在重庆小面里进一步聚焦为豌豆小面，从而实现品类的再次细分，达到差异化经营的目的，最终实现和"满大街"的重庆小面错位竞争。

品类因趋势而来，因产品而显现

通过对川菜市场演化的分析，以及对具体品牌案例的拆解，我们可以更直观地理解品类产生的原理及过程。品类的发展既有社会发展的促进作用，又和人们消费习惯、消费认知的改变有很大关系。在营销 4P 理论中，product（产品）正是品类诞生的原点，也是我们要具体研究的方向。

品类聚焦可以告诉顾客，你的品牌卖什么产品或所卖产品的特色。在品牌认知基因体系中，品类名称是非常重要的一个组成部分。

1956 年，美国著名的心理学家、认知心理学的先驱乔治·米勒（George Armitage Miller）发表了研究报告——《神奇的数字 7±2：人类信息加工能力的某些局限》。他在对消费者心智做了大量实验研究之后，发现了著名的"7 法则"，即人的心智极其有限，只能记忆有限的信息。人们通常把信息进行分类存储，每个类别通常不能记忆 7 个以上的信息。

其中，心智资源有限这个观点我们在前面章节做过具体阐述。

试想一下，假如有人问你："蓉李记成都名小吃有哪些特色菜？"你可能会思考一会儿，或者说出来自己吃过的几个，但假如有人问你："辣小豌豌豆小面的代表菜品有哪些？"你至少可以回答出豌豆小面这个明显的答案。辣小豌豌豆小面直接在品牌中将品类显示出来，把招牌菜体现出来，所以在传播的时候也就更容易被记住，因为单一的诉求是简单的，全面的诉求则是需要加工和吸收的。

品类思考，品牌表达，品类聚焦需要经历至少四个过程

以前，人们外出吃饭时，要想的是"去哪里，吃什么"，而现在要想的则是"吃什么，去哪里"。

这明确地说明一个问题：顾客开始因为某个特色菜去寻找对应的餐厅，他们的购买逻辑已经发生变化。当顾客因为喜欢某些菜品而产生购买行为时，这些被顾客喜欢的菜品就蕴含着巨大的品类价值。

特劳特定位理论强调："品类并不如品牌一般显而易见，它的力量和作用一直被忽略。实际上，消费者通常以品类来思考，但用品牌来表达品类。"如今，我们已经进入品牌价值时代，而且可能要长期处于这个时代。

随着顾客的选择对象日渐增多，为了某个特色菜品而去寻找对应餐厅的现象会越来越普遍。

2013年以来，越来越多的餐厅完成了品类聚焦。以前的某某美食、某某饭庄、某某酒家，接二连三地改头换面；很多餐厅通过加后缀来延长品牌名称，所添加的后缀多是所售卖的品类。比如，阿五美食改为阿五黄河大鲤鱼，巴奴火锅变更为巴奴毛肚火锅，喜家德水饺变为喜家德

虾仁水饺，很久以前烧烤的新名字是很久以前羊肉串，杨记兴延长为杨记兴臭鳜鱼。这些品牌的更名都发生在短短一两年内。

到底是什么力量驱使它们更名？它们又经历了哪些过程而完成了更名重塑？

要深刻理解这个现象，首先要了解品类发展的过程和应用规律。品类发展其实需要经历至少四个阶段，即发现品类、传播品类、拔高品类和强化品类。这里面最具代表的三个案例就是巴奴毛肚火锅、喜家德虾仁水饺和乐凯撒榴莲比萨。

当一个餐饮品牌开始发力塑造品类时，面临的第一个问题是："如何才能成为一个品类代表或者具有品类发言权的品牌？"这里我们以巴奴毛肚火锅为例，来探究如何利用品类发展的四个阶段实现逆势突围。

2012 年，巴奴火锅创始人杜中兵开始把餐厅的经营品类向毛肚聚焦。两年后，巴奴毛肚火锅在市场竞争中的优势日益凸显。杜中兵与此同时提出了"产品主义"的口号，并为此举办了三次大会。一时间，"产品主义"的说法刷爆整个餐饮圈，成为那段时间的热门词汇。

于是开始有一大批餐饮创始人试图借鉴巴奴的成功经验，但是效果却各有千秋。因为并非所有基于品类聚焦的整改措施，都能给餐厅带来逆袭的机会。

很多模仿学习者并不知道，巴奴能够聚焦毛肚火锅取得成功，并不是一朝一夕的工夫。巴奴在前几年一直学习海底捞，甚至直接进行模式迁移，结果顾客并不买账。于是，巴奴开始思考对策，做顾客调研，询问顾客来巴奴就餐的原因，发现很多顾客是奔着巴奴的毛肚、菌汤以及实惠的价格来的。这个发现让杜中兵茅塞顿开，决定从顾客导向出发，进行品牌升级和整改，更名为巴奴毛肚火锅。

这些大刀阔斧的整改举措能取得显著效果，有一个重要的前提条件，即巴奴的毛肚和菌汤在顾客心智中已经有一定的位置，只是不够明显。

巴奴通过这个过程发现了自己的竞争品类——毛肚，如图 5-3 所示。我们把这个过程称为"发现品类"。

图 5-3　巴奴火锅的招牌菜"招牌毛肚"

在发现了自己的竞争品类后，巴奴开始了塑造品类的过程。不仅要改名字，还需要把品类传播出去。于是我们听到了这样的声音——"服务不是巴奴的特色，毛肚和菌汤才是"，以及更丰富的版本——"现在很多人排队吃火锅，不是为了服务，而是为了毛肚，巴奴毛肚火锅，服务不是巴奴的特色，毛肚和菌汤才是"，如图 5-4 所示。

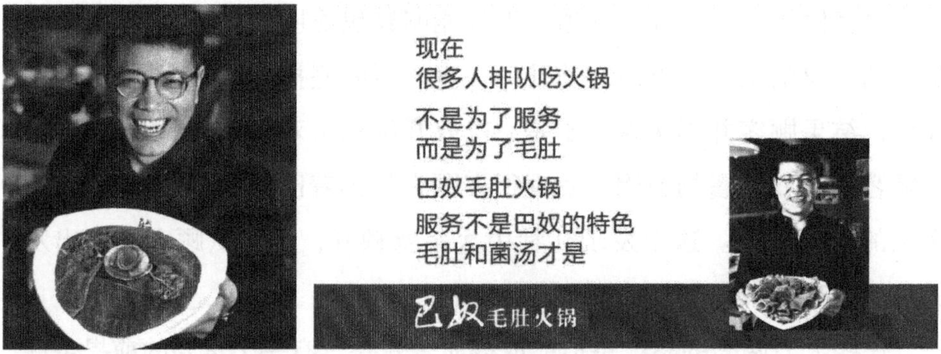

现在
很多人排队吃火锅
不是为了服务
而是为了毛肚
巴奴毛肚火锅
服务不是巴奴的特色
毛肚和菌汤才是

图 5-4　巴奴的菜品宣传图和相关文案

郑州的朋友在坐出租车时，也会经常听到巴奴的广告。仅仅从文字和声音上传播还是不够的，紧接着巴奴开始为毛肚拍摄广告，将其投放在高铁站和机场等，创始人杜中兵双手捧着毛肚的画面也开始遍布郑州大街小巷。巴奴在传播上花了巨资，也收获了更大的品牌势能，带来了大批消费者，我们将这个过程称为"传播品类"。

在完成品类的传播之后，品牌势能初步形成，之后便非常考验企业的整体运营能力，其后续的出品、服务、环境、卫生都要跟上。在强大的运营支持下，为了让品类继续生存下去，并且占据顾客心智，形成品牌护城河和竞争壁垒，餐饮企业还需要做一件事情，就是不断地拔高主打的品类。

这一方面是对品类的极致追求，对产品不断迭代和升级以带给顾客更好的用餐体验，另一方面是提高竞争对手的复制难度，从而为竞争对手设置模仿障碍。巴奴在大范围传播品类之后，也在不断地拔高毛肚这个品类，比如从装盘形式到为毛肚专门建立的明档操作间（如图 5-5 所示），再到中央厨房拍摄如何用木瓜蛋白酶嫩化技术发制毛肚等，都在全方位地为毛肚提升溢价能力。所以，尽管其毛肚卖到 60 元一份，依然有很多人会点，甚至点好几份，我将这个过程定义为"拔高品类"。

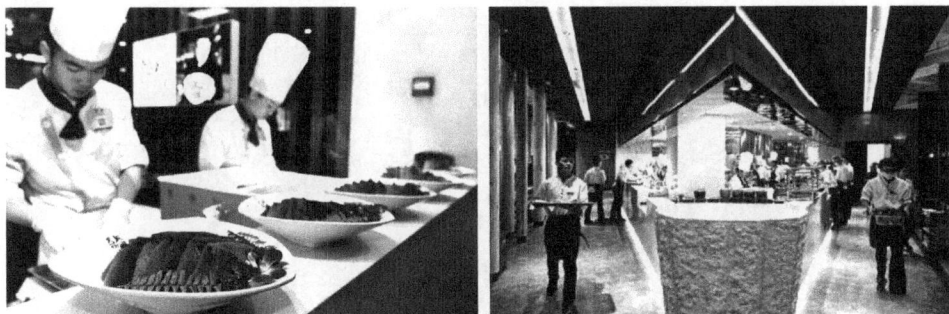

图 5-5　巴奴为毛肚专门设定的明档操作间

经过品类的拔高之后，巴奴的产品品类地位已经形成，具有这个领域的核心话语权,企业的扩张速度和品牌势能都开始全面爆发。但杜中兵先生仍然觉得不够完美,继续深挖品类发展的根基,即营销 4P 中的 Product,就是"产品"。产品才是餐饮企业发展的根基,才是经营的原动力,所以杜先生率先提出"产品主义"的概念。

要想弄清楚产品主义,就要深入了解其含义和支撑点。杜中兵为产品主义寻找的支撑点叫"守正出奇"。

"守正出奇"来自哪里?《孙子兵法》有云:"凡战者,以正合,以奇胜。""守正出奇","正"是指正路、正道,"奇"指出人意料。正道而行、守法经营,突破思维,方能出奇制胜。通俗地讲,"正"是指修炼内功,就是对产品的不断打磨和迭代。我们往往只看到巴奴的风生水起,而忽略了其背后的支撑力量。那么,内功仅仅是指产品吗?显然不是。产品只是一个品牌成功的构成要素之一,而毛肚又是在如浩瀚星空般的产品大类别中的一个具体品类。对于这个特定品类,巴奴除了要修炼内功,还需要在很多方面下功夫,如火候的掌控、材料的选择、卖点的挖掘、对外的宣传、技术的变革、码盘的形式、服务的话术等。巴奴一直都在默默地践行和强化自己的"产品主义",我将这个过程定义为"强化品类"。图 5-6 展示了杜中兵在为"产品主义"站台时的场景。

图 5-6 巴奴将品牌的基因定义为"产品主义"

至此，巴奴毛肚火锅完成了"发现品类""传播品类""拔高品类""强化品类"等品类发展的四个阶段，最终形成了十分具有竞争力的品类——毛肚火锅，并且完善了一个概念，即"产品主义"。这个概念被广大餐饮人接纳并践行。事实上，"产品主义"抓住了问题的本质，巴奴是以"好毛肚"这一产品助推起来的品牌。

品类战略是一场"以小带大"的持久攻坚战

在了解了品类诞生的原理以及发展一个品类的四个阶段之后，如果想快速切入一个品类市场，我们还需要了解塑造品类的一个重要特性，那就是"以小带大"。纵观整个餐饮行业，我们会发现那些以品类取胜的餐饮品牌，很多走的是"以小带大"的战略路径。

巴奴火锅以毛肚为切入点，不断强化品类战略，最终托起了整个品牌；阿五美食更名阿五黄河大鲤鱼，从宽泛的豫菜聚焦到豫菜代表黄河大鲤鱼，用一道菜来带动了整个品牌的发展；西贝莜面村经过品牌重塑后，客单价和盈利状况都得到了提升；乐凯撒比萨以榴莲风味的创新比萨切入市场，和必胜客、比格、棒约翰等形成明显差异化对比，以一个小单品占据了顾客认知。

这样的例子不胜枚举。

以小带大，顾名思义，是以很小的一个事物为突破口，进行单点突破，最终实现带动和盘活全局的目的。小，就是简单的、不复杂的、具体的一件事物，它具有从小处入手、简单明了、快速切入的特点。"合抱之木，生于毫末；九层之台，起于累土；千里之行，始于足下。"参天大树，是从幼小的树苗成长起来的；九层高台，是从一筐土开始堆积起来的；千里的远行，是从脚下一步步走出来的。做任何事都只有从最小的一个突破口开始，经过逐步的积累，才能有所成就。

在此，我列举一个"以小带大"的典型品牌。喜家德虾仁水饺自2002年在鹤岗创立以来，已在全国开设520多家连锁店，遍布40多个城市。喜家德"秉承一生做好一件事的理念，默默专注水饺16载，致力于为顾客提供放心美味，以好吃、干净、原创一字型长条水饺闻名大众，招牌水饺虾三鲜经久不衰，现在是东北水饺的代表"。

目前，喜家德水饺的店面数量还在不断刷新之中，这个后起之秀的店面数量已经超越了老牌水饺连锁品牌"大娘水饺"和"东方饺子王"。

那么，喜家德是如何完成自我蜕变和高速发展的呢？业内研究喜家德的文章比较多，大多集中在喜家德成功的表象上，比如只卖五款水饺、创新的品牌阶段论、"358用人模式"等。其实，喜家德能够快速发展，与其从创立之初一直坚持执行"以小带大、少就是多"的战略方针密不可分。了解喜家德水饺的人都知道，它算是餐饮行业的一个"不按常规战术出兵的战略家"。

纵观东北水饺市场，餐饮企业大多以"××东北饺子家常菜""××东北大馅饺子家常菜""××正宗东北饺子家常菜馆"来命名。这些东北饺子馆，动辄提供上百道菜，光饺子馅儿就有几十种。这是典型的贪多求全思维，连锁复制难度很大。它们的模式比较重，菜品种类多，这加大了连锁复制和管控的难度系数，虽然也可以开到上百家门店，但是百店百味，出品标准极不统一，很容易被淹没在时代的洪流中。

而喜家德水饺则另辟蹊径，从一开始走的就是轻模式路线，在以下几个方面实现了差异化。

（1）缩减水饺品种，只卖五种馅料的水饺。这在当时甚至现在来说，都是非常超前的思维。很多餐饮创业者最担心的就是自己菜品不全，从而流失部分顾客群体，而喜家德反其道而行之，实行的是小精尖战略，尽可能缩减产品种类，虽然产品种类少，但各个是精品，如图 5-7 所示，喜家德的菜单只有一张 A4 纸那么大。

▲喜家德快餐式菜单，菜品少，但各个是精品

图 5-7　喜家德的菜单

（2）喜家德改变了传统的水饺造型，将"元宝"造型改成"一"字型，使其更容易被夹住。不要小看这个创新，这个创新极具差异化，颠覆了大众对于水饺造型的认知，原来水饺还可以这么做！一字型长条水饺，六杖出皮，这大大提高了包饺子的效率，同时给予顾客不一样的体验，让顾客一下子就可以吃到馅料。顾客吃得快了，也就在无形中提高了翻台率。更重要的是，喜家德此举占领了创新"高地"，为对手设置了不可逾越的竞争障碍，提升了模仿门槛，占据了顾客关于一字型长条水饺市场第一名的认知。

（3）采用更加简单明快的"中国红"来烘托节日的喜庆氛围，如图

5-8 所示。店面小，喜家德就从小处入手，摒弃了"翠花式"装饰风格，选择了一种简明风格，用更加宏大的中国民族文化来强化自己，它的目标市场不仅仅是东北地区，而是全国市场。

图 5-8　喜家德的门店风格

（4）采用精准的品类战略计划，实现品类聚焦。喜家德在塑造了单品爆款——虾仁水饺之后，于 2016 年彻底更改招牌，将喜家德水饺更名为喜家德虾仁水饺。这个举动让很多人不理解，认为喜家德已经能够代表中国水饺了，但其创始人高德福并不这么认为。因为中国水饺文化源远流长，种类繁多，各个地区的做法、造型、说法也不相同，一个喜家德是无法代表中国水饺的，仅靠五款水饺是无法撑起中国水饺这杆大旗帜的。另外，高德福这么做的最重要的依据是大数据统计结果。我们曾经服务了不少水饺企业，做了大量的市场调研。在 2015 年我们发现，无论是喜家德、东方饺子王，还是老边饺子，它们销量最好的都是三鲜水饺，这里面喜家德的爆款是韭菜虾仁三鲜水饺、东方饺子王的是黄瓜虾仁三鲜水饺、老边饺子的是黑猪肉韭菜三鲜水饺。而针对三鲜水饺，我们也做了大量的调研，数据显示，70% 的中国顾客偏爱虾仁水饺。喜家德也一定洞察到了这个市场先机和庞大的品类市场，所以率先更名升级，锁定了虾仁水饺这个大品类。

（5）建立水饺明档，全程现包现煮。喜家德率先将包水饺煮水饺改成了明档展示（如图 5-9 所示），并提出了"现包现煮"的理念。虽然是快餐，但其依然保留了传统饺子馆现包现煮的模式，整个操作过程让顾客一目了然，为这五款产品建立了"信任状"；同时，其采用天然面粉，零添加，更健康；除此之外，喜家德水饺的制作要求极其严格：每一个水饺的重量相同、包制手法相同、馅料重量相同、面皮薄厚相同。

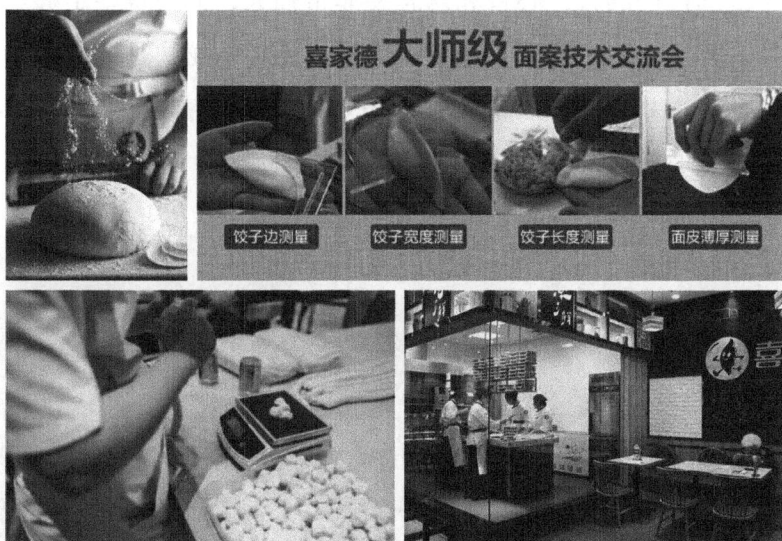

图 5-9　喜家德水饺的明档展示

我们从以上五点可以看出，喜家德在尽可能去繁就简，然后再用匠人品质来打造产品。为了保证菜品质量统一，成立中央厨房，对每道菜品都有严格的品控和标准。可以说，这是一场用芝麻撬动西瓜、蚂蚁拉动大象的品类竞赛，最后喜家德获得了胜利。

塑造品类的过程就是一场马拉松式的攻坚战。在品牌建设过程中，任何一个现在的优势，都有可能在未来成为劣势。品牌越做越大，遇到的问题就会越来越多，受到的关注也会越来越多。任何一个纰漏都有可能使品牌成为笑柄，导致品牌建设毁于一旦。品类塑造不易，品牌守护更难。

喜家德的创始人高德福说过："马拉松比的就是坚持，没有什么技巧。对于跑马拉松的人，心智和意志要非常强大，体力也要足够。"这就跟做餐饮一样。他认为，真正能让品牌活一百年的秘诀是提供放心美味，坚守做餐饮最根本的品质。他的这种坚守跟马拉松精神很像。图 5-10 展示了喜家德员工为哈尔滨马拉松助威。

图 5-10　喜家德员工为哈尔滨马拉松助威

一场品类竞赛在喜家德品牌上演绎得淋漓尽致，这是一项"以小带大"的庞大工程，更是一场持久攻坚战。

餐饮品类创新的六大方法

其实，关于餐饮品牌的品类创新方法，业内一直没有定论。早些年，根据国外的理论，倒是衍生出了几种品类创新的方法，比如技术创新、聚焦细分市场、聚焦新概念等。

然而，由于这些方法是基于特劳特的定位理论延伸出来的，本质上还是国外的理论，并且是针对全行业的，如果让中国餐饮人去应用，还是有很多方面不适用的。

因此，我根据自己多年来对餐饮行业的研究以及对品类的理解，总结了六大品类创新方法，并且为这些方法起了一些通俗易懂的名字，它们分别是招牌菜差异化聚焦法则、地域差异化聚焦法则、味道差异化聚焦法则、工艺差异化聚焦法则、资源差异化聚焦法则、新体验差异化聚焦法则，如图 5-11 所示。

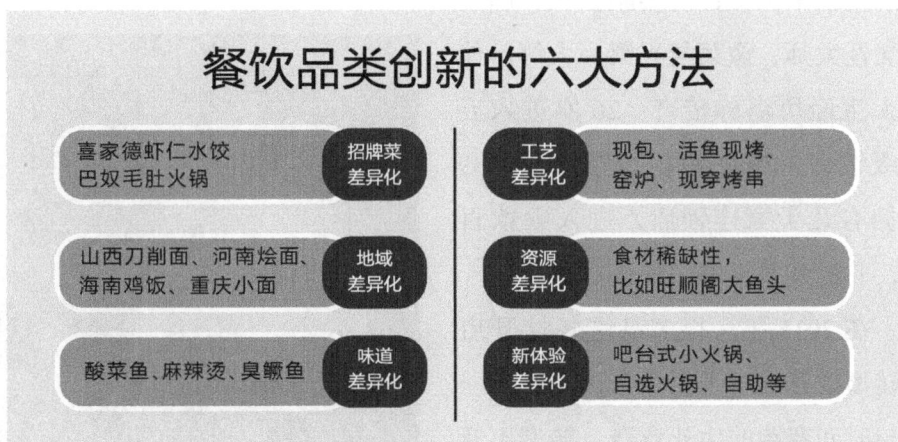

餐饮品类创新的六大方法

喜家德虾仁水饺 巴奴毛肚火锅	招牌菜差异化	工艺差异化	现包、活鱼现烤、窑炉、现穿烤串
山西刀削面、河南烩面、海南鸡饭、重庆小面	地域差异化	资源差异化	食材稀缺性，比如旺顺阁大鱼头
酸菜鱼、麻辣烫、臭鳜鱼	味道差异化	新体验差异化	吧台式小火锅、自选火锅、自助等

图 5-11　餐饮品类创新的六大方法及其举例

在分析完品类的诞生原理、发展趋势和相关特点后，我们接下来将重点解析餐饮品类创新的六大方法，并根据餐饮行业的应用案例进行细致的分析。

打造差异化招牌菜，让单品爆发出澎湃动力

招牌菜差异化是塑造品类时用得最多的方法，也是很多餐饮企业用单品快速切入市场的有效方法，往往适用于经营多年的餐饮企业的转型重塑，具有代表性的案例有阿五黄河大鲤鱼、李老爹香辣蟹、喜家德虾仁水饺、巴奴毛肚火锅等。这些传统的餐饮企业在创立之初，没有像全聚德烤鸭、阿森鲍鱼、西贝莜面村等品牌，把售卖品类明确地体现在品牌名称中。因此，当它们意识到需要一个具体品类来切入顾客心智的时候，便展开了一场自我革新的斗争。其中最有代表性的是多次登上中国餐饮百强榜的企业——阿五美食（现在已更名为阿五黄河大鲤鱼）。此处我们借鉴阿五的蜕变经历，来阐述一下招牌菜差异化聚焦法则的应用。

阿五美食不仅是豫菜的代表品牌，而且是中国驰名商标。创始人樊胜武（如图 5-12 所示）来自中国厨师之乡河南长垣县，有着多重身份：长期担任中国烹饪协会副会长、国家级烹饪大师、豫菜复兴第一人等。他的人生经历堪称传奇：26 岁进入五星级饭店，29 岁担任行政总厨，39 岁拥有几十家连锁店，进入餐饮百强，并连续多年蝉联餐饮百强。

在 2015 年，很多高端餐饮开启了转型之路。对于企业来讲，这是一场与时间赛跑的生死竞赛，转型不及时就要被淘汰。曾经的"餐饮大鳄"湘鄂情，以及被称为"中国餐饮黄埔军校"的净雅酒楼，都在这场竞赛中倒下了。

图 5-12　阿五黄河大鲤鱼创始人樊胜武先生

作为传统宴请类中高端餐饮品牌的阿五美食，同样面临着多重冲击：客流量开始下降，老顾客渐渐老去、新顾客群尚未形成，品牌在顾客心智中的认知过于宽泛，缺乏标新立异的特色。在这种情况下，创始人樊胜武做了上万份顾客调研，在慎重考虑后，决定将阿五美食更名为"阿五黄河大鲤鱼"。2015年7月的最后一天，随着所有门店集体更名"阿五黄河大鲤鱼"，阿五美食成了历史。

对于一个是中国驰名商标的品牌来说，更名是需要勇气的。霎时间，阿五美食及其创始人樊胜武成了舆论的焦点。餐饮老板内参、职业餐饮网、红餐网、餐饮O2O、东方美食、鉴闻等微信大号，以及多家广播、报纸、杂志等媒体争相曝光，引发了一场现象级的行业大讨论。樊胜武的突然之举，着实震惊了餐饮业界内外。各种声音接踵而来，支持者、中立者、反对者各成一派，或声援、或默言、或冷嘲热讽。

在2015年年底的一个餐饮峰会上，樊胜武先生做了发言。当时的他对这次更名非常自信，他曾举例说：中国年画里娃娃抱的是鲤鱼，寓意年年有余，为什么不抱龙虾呢？河南人摆酒席，总少不了红烧鲤鱼。

面对外界的质疑，樊胜武解释了更名的三个原因：（1）传统中餐效益下滑明显，包括一些名店在内的餐饮门店悄然关闭，与其等死，不如主动变革；（2）传统中餐"大而全"的经营模式已不合时宜，聚焦细分、单品为王的时代已经来临；（3）胡辣汤、烩面不足以为河南代言，身为菜系之母的豫菜缺少代表名菜来唤醒消费者认知，就像大家喝咖啡选星巴克，吃比萨去必胜客。阿五将"美食"的大概念去掉，直接将招牌改为"阿五黄河大鲤鱼"，让消费者一想起豫菜，就想起黄河鲤鱼；一想起黄河鲤鱼，就想起阿五。事实上，阿五美食从2004年创办至今，销量最好的就是从豫菜代表品类鲤鱼焙面改良过来的红烧黄河大鲤鱼。樊胜武"冒死瘦身"，体现的是他对豫菜复兴梦想的坚持。

他极力推崇并打造黄河大鲤鱼，有以下几个方面的原因。

（1）黄河流经中国九个省区、全长约5464千米，是我们的"母亲河"；黄河鲤鱼则是来自母亲河的天然馈赠，是中国四大名鱼之一，并尤以河南段黄河产出的鲤鱼最为鲜美。

（2）阿五选用的鲤鱼产自黄河万亩生态鲤鱼养殖基地，系中国农产品地理标志，采用地下20米黄河沙滤活水生态养殖，生长周期长，养殖密度低，养殖全程停食80天。

（3）制作方面，从去腥筋、三叉骨到两次按摩，从花刀解鱼到采用香菇、冬笋与高汤提香，阿五黄河大鲤鱼在每个细节上都追求极致。

（4）主打入选过"开国第一宴"的红烧黄河鲤鱼，并在此基础上延伸出源自河南民间的"煎烧"口味，不破坏顾客认知。

（5）2004年至今已累计销售黄河大鲤鱼390多万条，是创办以来最畅销的特色菜；在河南，黄河大鲤鱼妇孺皆知，有着深厚的消费基础。

图5-13展示了阿五在黄河边的生态鲤鱼养殖基地。

图5-13 阿五位于黄河边的生态鲤鱼养殖基地

　　红烧黄河鲤鱼本身是已在老百姓心中有认知的菜品，阿五美食在实现品类聚焦之后，开始围绕单品爆款菜"红烧黄河大鲤鱼"打造一系列顾客认知，进行广泛的传播。

　　在将品类聚焦为红烧黄河鲤鱼后，阿五对菜品进行了大幅度的精简。因为传统酒楼模式的中餐，菜品繁多但并不精细，往往加大了厨房的压力。在阿五黄河大鲤鱼就餐的顾客会发现，阿五的菜品由原来的 150 余道精简为了 70 余道。为了推动这次改革，阿五与一批不愿改名的加盟店解除了合作，可见其"断臂求生"的意志很强烈。尽管质疑与支持声参半，也存在很多未知的风险，但樊胜武并不胆怯，他说："路是自己选的，只要方向正确，就没有什么可顾虑的。"

　　事实证明，阿五利用招牌菜成功地实现了对品类市场的锁定和聚焦。红烧黄河大鲤鱼因此受到巨大关注，它的地位甚至可以与剁椒鱼头、佛跳墙、九转大肠等代表性名菜相提并论。

　　在聚焦黄河大鲤鱼之后，阿五为了精简运营系统，缩减了店面数量和规模。虽然店面少了，但存留的店面家家火爆，利润直接增长了一倍。其品牌定位一下子变得清晰了：阿五的招牌菜是什么？黄河鲤鱼。黄河鲤鱼有什么出处？豫菜头牌。黄河鲤鱼谁家做得好？阿五！图 5-14 展示了阿五黄河大鲤鱼新版门头形象。

　　食客和市场在变化，竞争也越来越激烈，想要品类保鲜，唯一的办法就是聚焦定位，尽快找到自己品牌的那个"1"。樊胜武说："人的一辈子，能做好一件事就够了。弄清楚你的品类，一直深耕。"阿五在聚焦黄河大鲤鱼后不断精进，前后经过了五次升级，每一次都有突破。选哪儿的鱼、每条鱼解几刀、什么油温、炸多长时间、烧多长时间、用什么配料，每个问题的答案都是上百次实验摸索的结果。阿五现在所有的食材都实现了升级，生态鲤鱼、非转基因油、天然面粉、有机大米、四级净化水等都是升级后为新品类加持的信任筹码。

图 5-14 阿五黄河大鲤鱼新版门头形象

2017 年 6 月，阿五黄河大鲤鱼代表河南走进了联合国（如图 5-15 所示）。把红烧鲤鱼作为河南特色招牌菜"端上"联合国的餐桌，阿五是继西贝莜面村之后又一个走进联合国的中国餐饮企业。从河南到联合国总部，这条鱼游了很远，却终究跃上龙门，让世界品尝到了中国鲤鱼的味道。300 份红烧鲤鱼征服了"世界的胃"，成了美食明星。

图 5-15 阿五黄河大鲤鱼走进联合国

除了走进联合国，阿五还成立了阿五大学，樊胜武本人也曾历经二十多天去南极挑战极限，如图 5-16、图 5-17 所示。

图 5-16　樊胜武参加南极之旅

图 5-17　樊胜武在南极进行极限挑战

"走不出去，眼前就是你的世界；走出去，世界就在你眼前。"樊胜武用这句话来激励自己。在整个阿五更名升级期间，樊胜武承受了非常大的压力，他用文字记载了在品牌改名期间自己真实的心路历程，原文如下。

▼ 坚守，而且是一辈子

今年临近父亲节时，郑州的天异常燥热。那时候，我正筹划着将"阿五美食"更名为"阿五黄河大鲤鱼"的事，不知前路如何，纠结到夜不能寐，仿佛这个夏天格外难熬。

正彷徨的时候，突然很想念我的父亲。父亲生于1928年，去世于2002年。因为早年参军得了雪盲，他常年离不开眼镜。他当了一辈子村支书，不占公家一分钱便宜，清贫职守，以至于我读厨师技校时，因为凑不足600元的学费，只能读半个学期。

在父亲的字典里，没有"私心"这个词。早年城里有招工指标，父亲给了村里家庭最困难的人，而不是给我同样急需找工作的姐姐；哥哥曾想托关系找份工作，却被父亲狠狠骂了一顿。

翻开我们老家长垣县的功臣薄，第一人便是父亲。他早年参加多次大型战役，数次立功，荣获12枚勋章，却在1958年最困难的时候放弃"铁饭碗"，回到长垣县城关公社姚寨大队务农，一是响应国家号召，二是为了照顾家乡的父母。

我小时候家里孩子多，粮食不够吃，父亲是战斗英雄，本可以享受国家照顾的粮食，转商品粮户口，但都被他坚决拒绝了。长大以后，我对父亲充满了深深的感激，因为从他那里得到了一生都受用不尽的财富：坚韧、正直、淡泊、不怕苦、打不倒。

坚守，不忘初心，大公无私，父亲真的是做了一辈子。我在想，人这一生，坚守一样东西到底有多难？就像减肥或者戒烟，恐怕已有无数人打了退堂鼓。在坚守这条注定是孤独的路上，你要不停地和自己的惰性作战，和外界诸多的诱惑作战，坚持着别人眼里理解或者不理解的初心——就像在沙漠里，忍着不去喝那口水。

"要让豫菜走得更远"，就是这种"初心"，推着我往前走——在许多人不理解的情况下，把经营得好好的价值数亿的品牌"阿五美食"，更名为"阿五黄河大鲤鱼"。

其实，我们绝不是仅仅改个名字那么简单。这背后是阿五的全面调整，也可以说是我的重新创业。我们做的还是豫菜，只是把宽泛的豫菜做成了聚焦单品。

长期以来，阿五背负的担子太重了。豫菜博大精深，提起豫菜的代表菜，很多食客一头雾水。杭州的西湖醋鱼，阳澄湖的大闸蟹，我们郑州的豫菜到底什么好？我们必须突出一个，聚焦单品是打造品牌的必经之路。

更名以来，不管是员工还是客户，都还在适应。但最起码我清楚，方向没错。"折腾"的目的，只有一个：要让豫菜走得更远。

我的故乡长垣，是中国著名的厨师之乡。然而，在二十年前，我却遭遇了豫菜最没落的时候。想让人尊重，首先得自己做好，所以我下大功夫做好产品，自己花钱宣传豫菜，就是源于这样的情结：给豫菜争光，给河南厨师争光，给咱厨师之乡争光。

我刚入行时，租住在地下室，天天练习削萝卜；为了多练手，用面当馅一遍遍地包包子；第一次创业时，拿着借来的钱，租了个180平方米、只有20张桌子的小店就义无反顾地干起来……现在，我背负着品牌、名声、员工等各种重担和各方质疑声，突然发现，身上迸发的那股子拼劲却和当初出奇得一致。

阿五是我的作品，发扬豫菜是我的使命。

我常说，我不会干其他活儿，我这一辈子只求做好一件事：把黄河大鲤鱼做好。而长远的方向，是往做成百年品牌上走。我希望河南餐饮出一个名牌，就像那些百年老字号一样，不断传承。

这个时代在发生着巨变，经济形势也发生了变化，餐饮业面临的早已不是前些年高利润的时代了。但在我看来，任何时代，吃饭这件事都不可取代，餐饮业永远是朝阳产业。只要品牌在，只要好产品在，不管外在环境如何，餐饮人都能不惧风雨。

我坚持不上市，也不搞其他产业，这些年也有很多人提出让我投资一些高收益的行业，我都拒绝了。我不是在做生意，我只想实实在在地把产品打磨好，哪怕到最后我只守着一家店。

我觉得，一家成功的饭店，不仅仅是用来填饱肚子的，而应该是一条街道、一片社区的宴会厅。这里有大家的故事，更有我们的故事，下一个十年，再下一个十年……依旧。

希望樊胜武先生的话语，能够激励每一个十年如一日坚守一道招牌菜的餐饮人，也希望对大家有所启发。

在品类竞赛的道路上，时间不会停下脚步来等任何人，主动改变和升级是唯一的出路。

打造地域差异化品类，让民族美食走向世界

"我们的国家幅员辽阔，地大物博，物产丰富……"我们小时候，会在书本里看到这样的话。我的老家在登封，是郑州的一个下辖县级市，因为四面环山，南山到北山不过区区几十千米，小时候的我能看到的天地非常有限。那时候的我以为全国就是被山包起来的这块地方，以为到了山边就是天边，以为全国人民都居住在这个方圆几十千米的小城。

我们都会受到家乡风土人情的熏陶，尤其是家乡的美食，更是无数

人惦记一生的味道。我每次回家都要吃焦盖烧饼加豆腐串、烩面、椒炒刀削面、嵩山芥丝等。有时候甚至会因为格外想念家乡美味而夜不能寐。

后来，我走出小城，看到了外面的世界，见到了更加广阔的天地，理解了小时候书上描述的幅员辽阔、地大物博、物产丰富的真正含义。现在我们的客户遍布全国各地，我也去了近百个城市，北边到过满洲里，感受了零下 40 摄氏度的严寒；南边去过云南保山，走进了客户的咖啡庄园；西边到过新疆库尔勒，见识了四川火锅如何在此落地生根；东边去过烟台和威海，见证了自选快餐如何独树一帜。

一方水土养一方人，一方美食养一方人。每个地理标签也是地域美食标签，本节要讲述的是品类创新的另一个聚焦法则，就是因地域美食而衍生出的地域差异化聚焦法则。

天地之大，纵横几万里，孕育了丰富多样的地域美食。有的美食越走越远，有的则渐渐消失；那些越走越远的地域美食，大都与人类的迁徙活动有关，比如兰州拉面和沙县小吃。兰州拉面被青海化隆人带到了全国各地，化隆属于青海省，但是距离兰州非常近，沙县小吃则由福建沙县人开遍全国。

人群的流动和迁徙是地域美食品类聚焦中的一个重要因素，如果没有人群迁徙，餐饮品类是很难"走出去"的。

目前，我们听到或记住的一些具有地域差异化特色的餐饮品类，多是经过数年、几十年甚至上百年慢慢流传下来的。主打地域差异化的餐饮品牌，其品牌名称里都有地域标签，比如新疆大盘鸡、河间驴肉火烧、道口烧鸡、重庆小面、陕西肉夹馍、河南烩面、岐山臊子面、兰州拉面、山西刀削面等。关于地域差异化聚焦法则的应用，我们以九毛九山西手工面和云海肴云南菜为例进行说明。

1995 年 10 月 25 日，九毛九以在海口市南航东路上开的一家"山西面王"起步。现在，九毛九山西手工面分店已遍及北京、海口、广州、深圳、佛山、中山、惠州等地，是一家专营山西面食及西北菜的连锁餐厅，已经成为华南地区知名餐饮连锁品牌。九毛九坚持以手工做面为特色，采用从单店经营到多店连锁的模式，成为全国面食品种最多、规模最大的专营企业。餐厅以经营山西面食为主、西北菜为辅，定位于大众化消费，致力于成为中华面食第一品牌，图 5-18 为九毛九山西手工面室内宣传画。

图 5-18　九毛九山西手工面室内宣传画

山西面食被称为"世界面食之根"，但山西在很长一段时间都没有出现像样的面食品牌，这让山西的餐饮人很受打击。放眼望去，全国范围内的山西削面馆并不少，但大多是夫妻店或者小作坊。投入成本少，环境经不起考究，价格自然也位于市场底层。随着消费升级和人们认知观念的改变，干净卫生、味道好吃、有品牌的餐饮越来越有市场。九毛九正好赶上了这个时机，经过数次品牌迭代，最终聚焦于山西手工面这个大品类，从名称上和刀削面形成差异化认知。

九毛九没有直接叫刀削面，是因为这个品类已经在市场上十分常见。大多数人对刀削面的认知是价格低、环境差、街边小店。那么，如何提升自己的形象呢？九毛九提出了手工面的概念。这个概念并不算新奇，但却让人备感亲切；当机制面条在市场上大行其道的时候，传统味道成为近乎奢侈的追求。对于走地域差异化路线，如何锁定品类名其实大有学问。"山西手工面"至少包含三个层面的意义：来自山西，作为地域特色形成背书；手工面，给人更高的价值，为品牌升级提供有力支撑和产品"信任状"；山西面食，涵盖的内容丰富，为产品延展提供空间。九毛九对山西手工面工艺进行了提炼，并将其延展成可以传播的宣传画面，如图 5-19 所示。

图 5-19 九毛九围绕手工面工艺，进行品牌文化演绎，进一步加强品类地位

据统计，九毛九每天卖面 30000+ 碗，二斤大骨头每天卖出 4600+份。成立至今，九毛九的招牌面食坚持使用手工制作。

九毛九致力于打造一套完善的中餐标准化体系，以保证门店出品的统一和稳定。首先，公司要求研发部为每一道产品制作标准配料卡，其内容包含烹调使用的原料品种、分量，烹调的时间、温度。另外，公司还根据标准配料卡定制了一套具有标准刻度的厨具，进一步保证出品的标准化和提高生产效率。

其次，公司要求门店的每一位厨师都必须熟练掌握产品的配料标准，只有通过技术督导检验后才能上岗；门店楼面经理和监管的分区经理都要参加产品的理论和实操考核，只有产品通过考核，才能将其推向市面。

九毛九通过招牌面食和特色产品的标准化、品控管理的多层次化与全方位化，保证产品品质，稳固了公司标准化水平在行业的领先地位。

为了构建放心餐桌工程，九毛九全部使用零添加面粉和非转基因食用油，同时更加注重食材的原产地及季节性。研发部通过提升产品标准化程度来稳定和改良现有菜品的品质，经过不断的实践与总结，完成了招牌面食、凉菜、热菜中主要产品的标准化工序，为出品稳定性提供了有效保证。

此外，九毛九也在进行新产品的研发工作。根据市场反馈情况，坚持每个季度对菜谱进行更新和调整，来适应顾客口味的转变。每季研发10道以上的新产品，通过内部与外部美食专家品鉴、试吃、打分，最终选出2~4道产品进行推广。新产品要在指定的两家代表性门店进行试推广，收集一线顾客的意见，并进行改良。公司还通过开放式的面吧、打造透明化的后厨，给予顾客更放心的用餐体验，迎合顾客日益多样化的餐饮需求。

九毛九尝试了两个"与顾客零距离"的调研方案。

1. 线上调研。截至2016年年底，其大部分店面实现了移动支付，顾客埋单后，其手机页面就会弹出一个问卷调查，填写完毕即可获得优惠券。

2. 线下讨论。不定期在广深两地的面粉群里组织粉丝讨论会，让粉丝参与到菜品设计中来，直接收集顾客的想法和意见。

通过线上线下相结合的方法，九毛九能够快速有效地收集顾客的反馈，及时发现并解决问题。在调研中发现顾客体验的痛点和难点，并快速做出响应和改善，让九毛九真正成为消费者的"第二厨房"。

九毛九还与顾客交朋友、深互动。其有运营4年多的亲子课堂，举办了1000多场活动，吸引了20000多个家庭；开展了"盲订"活动，让顾客充满惊喜和期待地参与和互动，增加了顾客黏性。一系列有情怀、有互动的活动，让九毛九捕获了越来越多的"铁粉"。图5-20展示了九毛九举办的亲子活动。

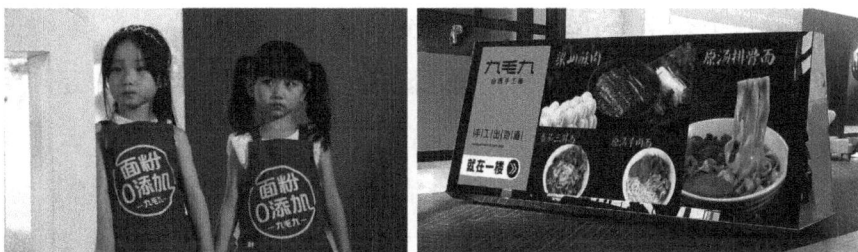

图 5-20　九毛九开展亲子活动，强化手工面的概念

借助以上各方面的举措，九毛九成功地提升了山西面食在顾客心智中的品味认知，增强了品牌价值，同时也成了地域差异化品类聚焦中的佼佼者和楷模。

对于具有地域标签的餐饮品牌来说，云海肴也是值得学习和探究的榜样。

2009 年，"80 后"北漂青年赵晗在北京后海创立云海肴，当时他还未从中国人民大学毕业。云海肴寓意"源自彩云之南，汇聚四海佳肴"。其店里优雅独特的云南民俗风情、每天空运的新鲜菌蔬食材以及源自西南少数民族独具特色的烹饪艺术，使云海肴深受白领阶层的喜爱，被大众点评网评为白领最喜爱的餐厅之一。图 5-21 为云海肴的形象宣传图。

图 5-21　春夏为云海肴代言

云海肴这个名字会让很多人联想到电影《云水谣》，有意境、好记、好传播。其为了突出菜品来自云南，除了名字中带"云"字，还加上了明确地域属性的"云南菜"三个字。在云海肴品牌创立之初，云南菜在北京算是一个小众菜系，具有明显的品类差异化。但随着云海肴云南菜、香草香草云南原生态火锅、彩泥云南菜的火热，云南菜越来越多，如同川菜、鲁菜一样成了一个品类比较宽泛的菜系。因此，云海肴团队在进行品牌迭代和升级的时候，锁定了菜品中的一个细分品类——野生牛肝菌。图 5-22 展示了云海肴组织的"寻找牛肝菌"活动。

▲ 云海肴"寻找牛肝菌"活动

图 5-22 云海肴推出的"寻找牛肝菌"活动

围绕野生牛肝菌，云海肴开始打造属于自己的特色菜，形成产品卖点和记忆点。云海肴针对野生牛肝菌开发了很多新菜品，比如牛肝菌蔬菜沙拉、牛肝菌蒸土鸡蛋、野生牛肝菌火腿洋芋焗饭等。云海肴通过对野生牛肝菌的单品塑造，提升了整个品牌的溢价能力。

那么，云海肴为什么会选择野生牛肝菌作为云南菜的代表？

云南被称为植物王国，其得天独厚的气候条件、复杂的地形地貌及多样的土壤种类，孕育了丰富的物种，也成为种类繁多的野生菌家园。云南具有世界上最为丰富的野生食用菌资源，以其种类多、分布广、产量大而名扬四海，很多云南菜里面都有野生菌的影子。这为云海肴聚焦野生菌提供了有力的认知支撑和资源支撑。

这些种类丰富的野生菌产品能够畅销，关键在于顾客对野生菌产品价值的认同。云南产的食用野生菌，生于山林、长于山林，是天然绿色食品，它富含多种维生素、优质蛋白及其他有益于人体的成分，以营养丰富、风味独特而著称。在众多野生菌中，野生牛肝菌因为产量足、品相好、营养价值高，成为野生菌代表，也成为云海肴的招牌菜。图 5-23 展示了云海肴围绕野生牛肝菌制定的菜单。

图 5-23　云海肴围绕野生牛肝菌制定的菜单

总结：品牌不断升级和进化后，品类中的地域化标签会越来越淡

我们在分析了九毛九和云海肴之后，发现了一个奇特的现象：当品牌做到一定规模的时候，往往会去掉地域标签。为什么会出现这样的情况？

像山西刀削面、河南烩面、云南菜这样的称谓，都有着很清晰的地域标签。但随着品类知名度越来越高，店面越来越多，"去地域化标签"开始流行起来。2018年，当我们再次研究九毛九的时候，发现九毛九新开店面更改了品类名称，门头上已经去掉了"山西"这个词，而是直接使用了一句蕴含品类特色的口号——"手工做好面"。

再比如，"网红"餐饮品牌西少爷肉夹馍和遇见小面，它们的品类名称里不再带有"陕西、重庆"这样的标签。餐饮圈里还有一个做驴肉火烧的品牌，叫"倔驴帮驴火"，如图5-24所示。河间驴肉火烧在华北地区非常多，很多店家为了凸显自己的优势，往往会在门头上写上"正宗河间驴肉火烧"，倔驴帮并没有使用河间驴肉火烧这个招牌，而是直接叫驴火。

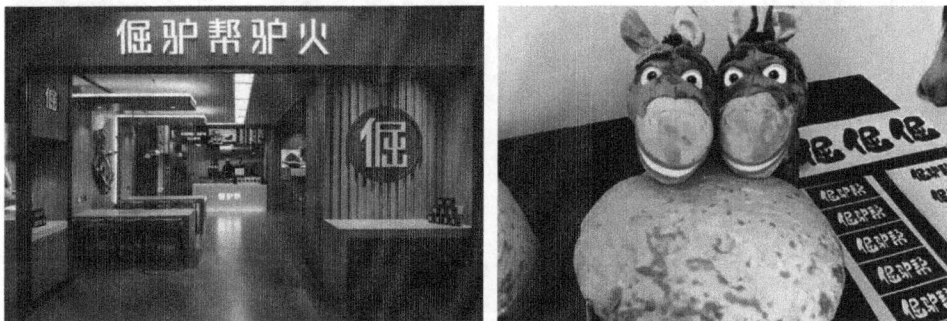

图5-24　倔驴帮品牌形象和火烧菜品图

为什么倔驴帮不使用"正宗"二字，甚至连"河间"这个地域标签也要舍弃呢？我认为主要有三点原因。

（1）在华北地区，驴肉火烧是非常有名的，只要你做得好吃，没人在乎是否是河间味。（2）"正宗"这个词从某种意义上说限制了一个产品

更新迭代的可能。倔驴帮的驴肉火烧在造型上做了创新，河间驴肉火烧是长方形的，而倔驴帮的是圆形的；倔驴帮因为不受河间地域标签的限制，可以塑造自己独特的差异性文化——倔文化。（3）当一个品牌脱离了地域标签，顾客对其第一认知就是产品，只要产品做得好，在顾客心目中就是正宗的。

餐饮品牌利用地域标签凸显自己的流派，从而形成差异化认知，同时在发展过程中又极力摆脱地域化标签，看似背道而驰，实则殊途同归。

诉求味道差异化，让品牌基因一开始就与众不同

自厨祖伊尹创立烹饪之法以来，广袤的中国大地上出现了各种各样风味的美食。食有五味，酸甜辛辣咸，五味经过调和，诞生了数不胜数的美味。不同的食材，不同的调味，不同的烹饪手法，造就了味道多样的菜肴，比如酸菜鱼、麻辣烫、香辣蟹、麻辣小龙虾、榴莲比萨、辣椒炒肉、糖醋排骨、酱骨头、臭豆腐、臭鳜鱼……

这些菜品都有一个非常明显的特征，就是通过菜品名称就能知道菜品的味道。它们都有一个共同特点——味道差异化。顾客在听到、看到、想到这些菜品的时候，立马能够分辨出或者联想出这道菜的味道。一直位于市场前端、长盛不衰的酸菜鱼和麻辣小龙虾，就是味道差异化的典型例子。

小龙虾和酸菜鱼已经非常普遍了，通过味道细分，还分别衍生出了十三香小龙虾、大锅油焖虾、蒜蓉小龙虾，老坛酸菜鱼、番茄酸菜鱼、椒麻酸菜鱼等，这里不再赘述。本小节选取了两个非常有代表性的品牌，即乐凯撒榴莲比萨和杨记兴臭鳜鱼来做分析。它们是味道差异化品类的代表，这两个品牌在完成品类聚焦之后，发展非常迅猛。杨记兴臭鳜鱼的成功，带动很多徽菜馆开始主打臭鳜鱼；乐凯撒的成功则让必胜客也

受到影响，新加了榴莲比萨。

乐凯撒，榴莲比萨开创者，成立于 2009 年，隶属于深圳市乐凯撒比萨餐饮管理有限公司，创始人叫陈宁。由乐凯撒比萨首创的榴莲比萨品类因其良好的美誉度，现已风靡全国，图 5-25 为乐凯撒榴莲比萨菜品宣传画。

图 5-25　乐凯撒榴莲比萨菜品宣传画

2009 年 7 月，全国第一个榴莲比萨正式"诞生"在一间叫乐凯撒比萨的店里。每一个经典菜品诞生的背后都有一个故事。乐凯撒比萨第一家店开在深圳，有一天老板陈宁接收了一位处境窘迫、急需一份工作的小伙子，小伙子渡过难关后便日夜思考，如何创造一款新的比萨回报陈宁。由于广东盛产榴莲，小伙子突发奇想地把榴莲和比萨结合在了一起，试吃时，芝士浓郁的奶香味裹挟着榴莲的香甜，让人十分难忘！从此，榴莲比萨渐渐风靡于大街小巷，也成了乐凯撒的一块金字招牌。乐凯撒随后相继研制出了四款榴莲风味比萨：猫山王榴莲比萨、D24 榴莲比萨、金尧榴莲比萨、金枕榴莲比萨。

市场上本没有榴莲风味的比萨，我身边有不少朋友说："我并不喜欢吃榴莲，也不喜欢吃比萨，可是我喜欢吃乐凯撒榴莲比萨。"这是对乐凯撒多么高的赞誉！

我们知道传统比萨，包括必胜客、棒约翰、达美乐这些大品牌的比萨，基本上都是肉类比萨，比如意大利肉酱比萨、培根比萨、火腿比萨，口味都是偏咸的，很少有水果味偏甜的比萨产品。然而，乐凯撒的伟大之处就是敢于突破常规，敢于挑战权威，这种精神是非常值得广大餐饮人学习的。其实，乐凯撒创始人陈宁并不是广东人，他生于宁夏西海固山区，毕业于电子科技大学，曾先后任深圳某通信公司部门经理和某连锁餐饮公司深圳公司总经理，之后一心投入餐饮行业，开创了乐凯撒比萨。

其实，榴莲和比萨都不是新物种，但二者结合在一起后变成了"新物种"。这个"新物种"的神奇之处是让不喜欢吃榴莲的人竟然爱上了榴莲比萨。

乐凯撒找到并聚焦了榴莲比萨这个单品后，开始围绕榴莲比萨塑造产品优势，并占据品类制高点，让顾客产生新的认知，从而抢占顾客心智；同时对品牌进行全方位的升级，无论是品牌标识、品牌视觉识别设计，还是店面呈现，都围绕"榴莲比萨"展开。图5-26为乐凯撒的部分视觉形象展示。

图 5-26　乐凯撒的部分视觉形象

我们通过图 5-26 可以看出：乐凯撒已经把榴莲的基因植入品牌的方方面面了。他们的做法遵循了品牌认知基因体系构建的基本理念，那就是找到一个点，然后用这个点去贯穿整个品牌，最终形成一个完整的品牌认知链条。

和乐凯撒稍有不同的是杨记兴臭鳜鱼。榴莲比萨和臭鳜鱼虽然都属于聚焦味道差异化的品类代表，但榴莲比萨属于"新物种"，而臭鳜鱼则原本就是安徽徽州地区的一道名菜，有着一定的历史文化底蕴。

相传在 200 多年前，沿江一带的安徽贵池（今池州）、安庆、铜陵、大通（今铜陵大通镇）等地的鱼贩每年在入冬时将长江名贵水产——鳜鱼用木桶装运至徽州山区出售（当时有"桶鱼"之称）。途中鱼贩为防止鲜鱼变质，采用一层鱼洒一层淡盐水的办法，如此七八天抵达屯溪等地时，鱼鳃仍是红色，鳞不脱，质未变，只是表皮散发出一种似臭非臭的特殊气味，但是洗净后经热油稍煎，细火烹调后，非但无臭味，反而鲜香无比，成为广受欢迎的佳肴延续下来，至今盛誉不衰。如今烹制此菜不再使用桶鱼，而是将新鲜的徽州自产桃花鳜用盐或浓鲜的肉卤腌制，再用传统的烹调方法烧制，故称"腌鲜鳜"。

臭鳜鱼之所以被归类到味道差异化聚焦法则的案例中，最重要的就是这道菜里面有个"臭"字，和臭豆腐一样都是带有味道属性的。徽菜里有很多菜都是腌制菜，臭鳜鱼也是。

臭鳜鱼是安徽名菜，在徽州地区很受推崇，但真正让臭鳜鱼名扬京城的是一个叫杨金祥的安徽人。2010 年，安徽青年杨金祥和"小伙伴"们在北京开了家徽菜馆，名叫"徽乡肴"（如图 5-27 所示），徽乡肴就是杨记兴的前身。当时徽乡肴是一家面积达到 1000 平方米的大店，菜品也非常多，有 200 多道。到 2013 年，受餐饮形势的影响，大店的生意普遍下滑，徽乡肴也不例外。其菜品种类多，品质不算出众，店面生意一日不如一日，最终甚至面临关店的厄运。

▲ 从徽肴到杨记兴 1.0 版本

图 5-27 杨金祥在徽乡肴原址上建立了杨记兴这个品牌

在更改名字后，杨金祥把原来 1000 平方米的店拆成两半，只拿出 500 平方米来做自己的品牌。他认为，要想振兴徽菜，以及能够让人记住徽菜的代表菜是什么，就必须进行单点突破。在经过深思熟虑后，杨金祥把希望放在了臭鳜鱼这道菜上。

臭鳜鱼自带话题和传播基因。在品类塑造上，这道菜是有一定优势的，一般和"臭"字沾上边的美食，对顾客来说都是闻着臭、吃着香的体验，比如臭豆腐、王致和豆腐乳、北京豆汁儿、毛豆腐、螺蛳粉等，这种反差非常容易让人记住并自发去传播。

臭鳜鱼的制作过程非常考究：把新鲜鳜鱼用淡盐水腌渍并储存在 25℃左右的环境中；最好用木桶腌制；将鱼肚朝上摆放，用山间青石或河卵石压住；时经六七天后，鱼体便发出似臭非臭的气味，将其入油锅略煎，配以猪肉片、笋片，小火红烧至汤汁浓缩即可。

当然，臭鳜鱼这个品类并不是人人都喜欢的，它有自己的受众群体。尽管是细分品类，但经过改良后的杨记兴臭鳜鱼仍受到市场的热情欢迎。当臭鳜鱼肩负起"复兴重任"的时候，杨记兴看到了黎明的曙光。图 5-28 为杨记兴的招牌菜臭鳜鱼的宣传画。

图 5-28 杨记兴的招牌菜——臭鳜鱼

将品类聚焦为臭鳜鱼后，杨金祥做的第一件事就是删减菜谱。截至目前，杨记兴的菜谱进行了四次删减和迭代，如图 5-29、图 5-30 所示。其第一次精简去掉了厨师不擅长的菜品，将 200 多道菜砍到了 128 道；第二次精简去掉了点单率低的菜品，从 128 道菜砍到了 78 道菜；第三次精简从餐厅的运营能力出发，将 78 道菜减为了 58 道菜，再从 58 道菜减到了 38 道菜，并将其定义为品类旗舰菜；第四次精简则在每个品类下只保留了 1 道菜品。每个单品之间不再重复，煎炒烹炸煮样样都有，而且保证每个都是精品。

"比如有了臭鳜鱼，菜单上便不会再有其他鱼类，所以，菜品虽然少，但是个个都是精品。"其菜品的总体数量，也最终锁定在了 38 道。现在，杨记兴臭鳜鱼的菜单结构清晰明了：两款招牌臭鳜鱼主打，外加三大特色，十大必点，若干凉菜、炒炖。据统计，臭鳜鱼这道菜，占了目前销售额的 35%，三大特色和十大必点菜大约占了 30%。总结杨记兴臭鳜鱼的菜单的精简原则，其主要有以下几个标准：（1）采购、运输、存储难度大的去掉；（2）技术难度大、标准不好把控的去掉；（3）季节性明显的去掉；（4）臭鳜鱼之外的鱼类菜品去掉；（5）与招牌、特色、必点菜有冲突的去掉。

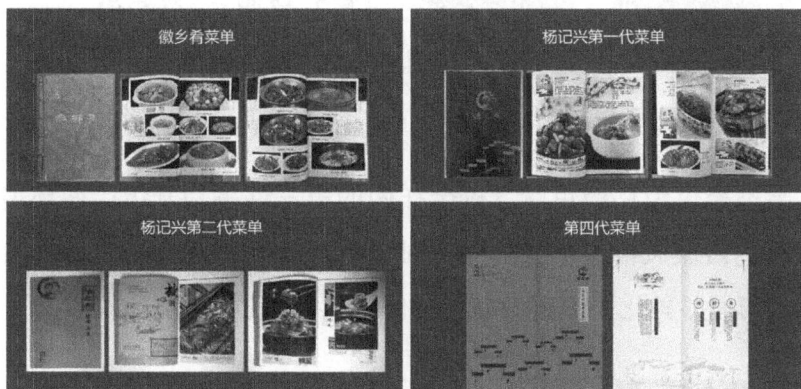

图 5-29　杨记兴四次菜单迭代过程

图 5-30　放置在杨金祥先生办公室的菜谱，记录了杨记兴菜单的变迁

　　将品类聚焦为臭鳜鱼后，杨金祥做的第二件事是重新塑造招牌菜臭鳜鱼的菜品文化。比如全面升级食材；用徽州古法榨菜籽油，让顾客吃得安心；向顾客讲述什么样的臭鳜鱼才是好臭鳜鱼等。与此同时，杨记兴还用图文画面向顾客表达臭鳜鱼的卖点（如图 5-31 所示）。

图 5-31　杨记兴针对臭鳜鱼做的宣传吊旗

将品类聚焦为臭鳜鱼后，杨金祥做的第三件事是升级店面环境，将烦琐古朴的徽派风格尽可能简化、时尚化，从而将其和传统的徽菜馆区分开来，形成差异化，从而为品牌溢价提供空间（如图 5-32 所示）。

图 5-32　杨记兴臭鳜鱼新版门店效果

如乐凯撒、杨记兴这些在经过品类聚焦后迅速发展的餐饮企业，其实一直在前进中不断奋斗，所有的成功都没有捷径，所有的改变都是厚积薄发的结果。

提炼工艺差异化卖点，大胆创新成为品类王者

经常会遇到一些餐饮朋友发出这样的感慨："一样的烹饪方法，为什

么我们家的菜和别家餐厅的口感大不相同？别人家蒸出来的黄馍馍怎么那么好吃？别人家用的是什么炒菜工具，效率那么高？为什么有的米线改变做法和吃法就可以卖更高价格？都是卖奶茶，为什么有的店可以一直排队……"

很多餐饮企业创始人或者厨师都会对以上的问题产生好奇。近些年凭借工艺创新取得成功的餐厅越来越多，在很多餐饮人总是坚守一种技艺不敢贸然改变的状态下，有些新生餐饮品牌靠着微小的创新却可以与众不同。

如果总是害怕改变后失去顾客，餐饮企业很难迈向良性发展的道路。受此思想影响比较深的多数是中国老字号餐饮，它们一直面临着可持续发展的问题，但总是追赶不上时代发展的节拍。

而与此同时，很多新晋的餐饮人通过菜品工艺创新做得风生水起。比如喜茶原创的芝士奶盖茶销量迅速走俏；阿香米线、云味馆米线升级了云南米线的吃法从而提升了价值；丰茂盛烤串主打现穿烤串而颇受消费者欢迎；窑啊窑开创了窑炉烧烤实现竞争差异化；谷连天主打现熬八宝粥天天生意火爆；亮健容天独创了采用陶瓷锅制作的土锅羊蝎子使菜品更入味。图 5-33 为云南当地米线和云味馆米线的出品形态对比图。

▲云南当地米线　　　　　　　　▲云味馆过桥米线

图 5-33　云南当地米线出品形态和云味馆米线出品形态对比图

这些火爆市场的品牌，就是实施工艺差异化的品类典型，它们所做的不仅仅是概念上的创新，而是对新概念进行深度挖掘和放大，大到足够影响顾客认知，从而占据顾客心智。

工艺差异化没有标准的定义。烹饪技术的改进、烹饪工具的创新、器具的创新、产品的互相融合等能更加迎合顾客和市场的改变，即可称为工艺差异化。

关于创新工艺差异化的应用实例，我们不得不提的是红遍大江南北的茶饮品牌——喜茶。2017年，喜茶成为消费市场开年"第一火"：排队六小时、每人限购三杯、黄牛250%加价、实名制购买，先后获得IDG、美团点评的投资，发迹于二三线城市的喜茶摇身一变，成为万众瞩目的明星餐饮企业。

喜茶的创始人聂云宸（NEO）是一个不循规蹈矩的"90后"。在创立喜茶之前，他是一个卖手机、修手机的。2012年，喜茶HEYTEA起源于广东江门一条名叫江边里的小巷，原名皇茶ROYALTEA，由于无法注册商标，故全面升级为注册品牌喜茶HEYTEA。

聂云宸第一次创业是在一个位置很偏僻的胡同里卖手机，为了招揽顾客，他承诺可以免费修手机，不管什么问题全部免费。尽管做之前他已经预见到了，但每天看到拥过来的人都是不给钱的，还是会觉得不舒服。有人知道是免费服务，就去买几部手机，直接把新手机拿过去让他修，态度也不好；还会有同行假装是顾客，拿自己修不了的手机让他修。明明可以拒绝，聂云宸还是耐着性子都给处理了。最后，他悟出了一个道理，很多事情包括创业，是随机应变的，不是可以提前预料的。他后来回想，如果没有提供这项免费服务，说不定那家店就倒闭了，因为它的位置真的很差。提供了免费服务之后，他并没有像预想的那样把生意做起来，而是意外地开始卖配件。以前店里根本没有配件，只卖手机，后来享受了免费服务的人可能有点内疚，或者有点不好意思，就问他有没有手机壳，或者充电器。于是，他便开始卖这些配件。有一天，他发现卖手机这一行做不下去了，而很多街边茶饮店里的饮料没有一点茶，只是用一些奶盖粉再加一些其他材料冲兑一下，就顾客盈门。他觉得，自己可以做出不一样的、更好的、用户更喜欢的茶饮，说不定能改变这个行业。

这是聂云宸创立喜茶之前的创业故事，和喜茶的成就比简直称得上是惨淡经历。奶茶市场非常巨大，供应链非常发达，如果要开个奶茶店，创业者能够享受到一条龙的服务，什么花样的奶茶冲剂都能买到，反而要买那些健康纯粹的原材料却并非易事。

洞察到奶茶行业庞大的市场容量和混乱的行业现状后，聂云宸立志要改变这一现状，其团队花了好几年的时间钻研芝士奶盖茶，这需要巨大的勇气和成本。最后，他利用工艺改进让喜茶获得了巨大成功，创造了一个新品类——芝士奶盖茶。

与浓缩的奶茶粉相比，健康纯粹的奶茶其实有着巨大的市场机会，只不过还没有人或者说很多人还不愿意去挖掘。聂云宸想做出一杯更加健康纯粹的茶，于是开始自己捣鼓茶的配方，甚至去和茶农沟通改造生产工艺。之前的奶盖茶，先不说奶盖口味好不好，其全部是用奶盖粉打的。

尽管奶盖粉是符合行业标准的，但他不想用。聂云宸最初是站在顾客的视角去想问题的：为什么大家要把粉末吃进肚子里？奶茶行业很多商家喜欢用粉，奶盖有奶盖粉，水果用果粉，什么五花八门的粉都有，作为消费者肯定不想把这些吃进肚子里。

不用粉末是"喜茶"研发的起点，他们研发的芝士奶盖茶系列是第一款不加粉末的茶饮，好口感和清爽宜人让喜茶脱颖而出。在茶里加芝士这个搭配不是所有人都喜欢的，但至少有一部分年轻消费者是真的喜欢。喜茶甚至已经成为很多年轻女性新的社交"道具"（如图5-34所示）。

图 5-34　手中拿着喜茶的年轻女孩们

喜茶通过工艺创新，将芝士奶盖茶做成了爆款茶饮，来门店买茶的
顾客经常排起长队，很多顾客甚至不惜等待两个小时（如图 5-35 所示）。

图 5-35　排队买喜茶的人们

芝士奶盖茶火了之后，市面上出现了很多仿冒品牌。聂云宸便希望
能够为喜茶寻找一个精神标签。比如大家都知道咖啡除了好喝还有提神
的功能，但茶的功能在哪里？他一直在思考这个问题。如果说提神，它
肯定不如咖啡。

后来，他认为关于茶的演绎可以追溯至古代，古代诗人把茶和酒当作激发写诗灵感的重要工具。在我国古代的诗词里，茶和酒是两个重要意象。消费者需要的是共鸣，尤其是年轻消费者。所以，聂云宸提炼了一个关于灵感的概念。喜茶现在传递给顾客的理念就是激发灵感、创造灵感，喜茶是一个灵感的产物，一个原创的产物。这样便使得喜茶的文化从产品层面直接过渡到了精神层面，达到了占据唯一性、难以复制的效果。如图 5-36 所示，喜茶将"灵感之茶"植入到了门店内。

图 5-36　喜茶门店内"灵感之茶"的标识

除了找到"灵感之茶"这个精神标签，喜茶还致力于探索关于喝茶这件事的更多可能性，坚持原创精神，支持艺术创造，让喝茶成为一种生活方式。

不论是产品、店面还是品牌文化，喜茶都更加注重消费者的整体体验。每一家门店的设计，都是一个诠释灵感的过程，喜茶结合传统茶饮文化，将"禅意""极简""美学"等元素融入门店设计，营造层次丰富的空间质感，为茶客们带来多维度的感官体验；喜茶与多位独立插画师合作, 用绘画语言表达饮茶之趣, 创作出一系列符合喜茶品牌理念、饶有趣味的系列原创插画; 全线产品包装亦遵循喜茶推崇的"酷""简约"的风格, 汲取灵感, 精心设计, 力求重塑现代茶饮消费的审美方式, 让喝茶这件事变得更酷、更不一样。

在品类塑造过程中, 工艺差异化聚焦法则不是基于竞争对手制定的策略, 而是针对市场痛点出现的方法体系; 产品层面的竞争永远是低维的, 是容易被复制和颠覆的, 唯有精神层面的独特文化, 才能被市场认可, 进而起到巩固自己行业地位的作用。喜茶的创始人将喜茶升华为灵感之茶, 无形之中拔高了品类, 在品类赛道上占据了竞争优势。

除了喜茶之外, 餐饮行业还有很多通过工艺创新而成为品类王者的品牌, 比如"谷鹏麻鸭面", 其在河南豫西片区非常有名。虽然不是人尽皆知的品牌, 但这个品牌非常有代表性, 是品类聚焦中工艺差异化的参考范本。

在谷晓鹏先生创造麻鸭面之前, 世界上是没有麻鸭面这种面的。如同芝士奶盖茶一样, 这是一个自创的新品类。

那么, 这个新品类有没有创作蓝本? 当然是有的。

麻鸭面的创作蓝本其实是河南烩面。什么是麻鸭面? 是不是用麻鸭做的面? 其实麻鸭面是"麻辣鸭肉面"的简称。麻鸭面的发源地在河南滑县道口镇, 此镇是我国的历史文化名镇, 更是京杭大运河的重要商贸港。在这片土地上, 不仅孕育了属于中国四大名鸡的道口烧鸡, 还缔造了一碗麻鸭面的传奇故事。

2013 年下半年, 创始人谷晓鹏先生找到我们, 进入餐饮行业六年有余的他, 决定将自己的面馆进行品牌升级。谷晓鹏是一个"85 后", 从最简陋的煮面摊起家, 一步一步走向店面化运作。当时他只有两家门店, 其中一家还是半排档式的。谷鹏麻鸭面对于我们来说是一个很小的项目, 但谷晓鹏对品牌的重视和执着打动了我们。在只有两家店的情况下, 愿意支付一定数目的策划费来升级改造自己的小品牌，这是很多餐饮创始人不具备的魄力。

那么，麻鸭面这个新物种是如何诞生的？

麻鸭面的发源地滑县是我国唯一的粮食生产标兵"十二连冠"获得者，国家级优质小麦种植与加工基地，得天独厚的光照和温度成就了滑县无与伦比的优质小麦。麻鸭面正是选用这种优质小麦加工成的高档面粉，拌入鸡蛋，兑入天然纯净水与独家秘料，和制成团，使其面条劲道软滑，爽口而散发甘香。

好面还需有好汤，谷鹏麻鸭面选用鲜猪骨、鸭架、鸡架与中草药一起文火熬制六小时，将肉中精华混入汤中，形成独家熬制高汤，汤味厚重、味道鲜美。谷鹏麻鸭面在河南烩面的基础上，针对面条、汤和菜持续不断地摸索和尝试，结合广大顾客的意见反馈，先后经历了上百次不同工序、不同配料、不同方式入味的融合，终于研发出了大家交口称赞的麻鸭面。

麻鸭面其实完全是"新物种"，是工艺差异化品类聚焦的典范。这样的差异化给麻鸭面带来了哪些竞争优势呢？首先，麻鸭面的主料是鸭肉，成本低但价格却和烩面一样，这保证了其收益；其次，麻鸭面以鸭肉为核心肉料，可以与很多和鸭相关的卤味配合销售，比如鸭脖、鸭头、鸭锁骨等，这样既增加了在售品类，也可以提升店面的客单价和净利润。

如今，谷鹏麻鸭面已经深入人心，店面发展到了十几家，成为道口镇继烧鸡后的又一美食名片。随着麻鸭面被越来越多的消费者接受，当地的一些大餐厅也把这碗面请上菜单，谷鹏麻鸭面也凭借其独特的味道，成为中原餐饮名吃，受到消费者的广泛关注，图5-37为谷鹏麻鸭面的门头形象。

图 5-37　谷鹏麻鸭面的门头形象

诉求稀缺资源差异化，让"物以稀为贵"成为竞争力

北京潘家园附近的武圣路上有一家烧鸡店，叫"呱呱烧鸡"。我每次路过他家门店的时候，要么很多人在排队，要么已经关门，门口的牌子上写着：今天的烧鸡已经卖完，请明天来。大多数情况下，它中午的时候就会挂起牌子，半天就卖完当天所有的烧鸡。

呱呱烧鸡到底有何神奇之处？

呱呱烧鸡首要的成功因素是味道出众口感好，烧鸡就是这家店最大的资源。店家或许是因为生产能力有限，或许是故意采用营销策略营造市场供不应求的局面，一直没有扩大生产规模，坚持每天限量供应。

很多地方都有这样的店，无论竞争对手如何，它们数十年如一日地坚持匠心精神，绝不会因为市场竞争违背自己的初衷。

在分析呱呱烧鸡畅销现象时，我们发现：呱呱烧鸡独特的风味深受顾客喜爱，加上有限的供应量，烧鸡就成了稀缺性资源，从而使得呱呱烧鸡和其他烧鸡店形成了差异化，这个就是本节要讲述的餐饮品类创新的第五个方法——资源差异化聚焦法则的典型应用实例。

所谓资源差异化，就是餐饮企业拥有某种独特资源，并利用这种资源生产出了受市场欢迎的产品。其主要分为三大类：（1）掌握了某种美食的话语权，限量供应形成物以稀为贵的市场认知；（2）具有资源垄断能力，形成资源差异化，从而控制供应链市场；（3）专门寻找难以获得的食材加工成高价值的产品，从而获得更大利润。

这三种情况背后的核心运营逻辑，都是利用"物以稀为贵"的购买心理，营造供不应求的氛围。在北京的朋友或餐饮人士，可能看到过下面这则广告，如图 5-38 所示。

图 5-38　旺顺阁鱼头泡饼的公交广告

在聚焦鱼头泡饼之前，旺顺阁已经有十七年的发展历史，但在餐饮行业一直没有形成太大"水花"。2012 年，旺顺阁投资 6000 万元开了一个面积 6000 平方米的高端海鲜广场，人均消费 350 元，一家店的营业额高达 1.2 亿元。然而，2013 年的第二家海鲜店却亏损了上千万元。当时很多高端餐饮企业亟待转型，这家有着 17 年沉淀的老店相比来说是幸运的。当它将产品聚焦到"鱼头泡饼"后,鱼头泡饼曾两次登上中央电视台"舌尖上的中国"节目,这使其仅 2015 年一年鱼头的销量就高达 150 万千克,鱼头泡饼的点击率达到 95% 以上,其一年便赚了 2 亿元,2016 年更是快速发展,在 2017 年开了十几家店,未来将构建一个大型餐饮连锁集团。

旺顺阁不单是品类聚焦的成功典范。拿鱼头泡个饼对顾客的吸引力很有限,品类可以聚焦到任意一个单品,但单品必须有特色,甚至是独一无二的。旺顺阁的鱼头泡饼具有明显的差异化特色,那就是鱼头足够大,并且有一个很勾人的口号:"大鱼头,不容易吃到的美味。"

这句话很清晰地告诉我们,大鱼头是稀缺的,就像西游记里王母娘娘的蟠桃和五庄观镇元子的人参果一样,不是随随便便可以吃到的。鱼头泡饼是旺顺阁的主打菜品,其特色就是大鱼头。依据产品的稀缺性而获得成功,旺顺阁是资源差异化品类聚焦的典范。

在锁定大鱼头之后,后面的故事就围绕大鱼头顺理成章地展开了。

旺顺阁鱼头泡饼最初的灵感源于农家菜。在 1999 年的一天,创始人张雅青去一个农家小院吃饭,一道农家菜让她眼前一亮。那道菜将鱼去皮切块,配上豆腐一起炖煮,热乎乎的鱼汤香气扑鼻,让人很有食欲,张雅青兴奋地找到这道菜的厨师郭师傅聊了自己的合作想法。同年,张雅青在北京国家体育场附近开了第一家炖鱼店,取名"旺顺阁"。后来,爱吃鱼的丈夫用大饼蘸鱼汤的吃法,给了张雅青灵感,她想要自己开发出一道类似的新菜品。从研究如何将鱼头和泡饼完美结合,到第一份鱼头泡饼正式登上餐桌,张雅青花了好几个月的时间,但事实证明,这是值得的。鱼头泡饼的火爆程度完全超乎了张雅青的预料,三个月赚了 100 多万元,顾客的关注和喜爱给了张雅青很大的信心。

给鱼去腥是做鱼的关键,张雅青和郭师傅经过十年的研究,不断地完善和更新,成就了现在旺顺阁的独家秘方,这个秘方只有张雅青和郭师傅知道，是旺顺阁的看家宝贝。当然，这一秘方也并非一成不变，会根据顾客的口味、季节、不同水库的鱼质而调整。

旺顺阁的鱼头有多大？

旺顺阁只选取八斤以上的整鱼，鱼头的重量一般都在四斤以上，鱼头越大，鱼头的胶质越多，鱼汤泡出的饼越好吃。很多店的鱼头泡饼按份卖，旺顺阁则按斤卖。野生鱼要生长七年以上，鱼头才能达到八斤。千岛湖每年有 600 吨的胖头鱼供应给旺顺阁，但还远远不够。旺顺阁考察了很多水体和水库，最终选定杭州千岛湖、辽宁大伙房水库、河南鸭河水库等五个供应地，常年为旺顺阁供应新鲜的大鱼头。在旺顺阁，鱼头越大价格越贵，生长周期 3~5 年的 4~6 斤野生大鱼头 59 元一斤，生长周期 5~7 年的 7~14 斤野生大鱼头 79 元一斤，生长周期 7~10 年的 15 斤以上野生鱼头王则为 109 元一斤。

旺顺阁向客人传递了"野生鳙鱼大鱼头，鱼头越大越好吃"的理念：大鱼肥嫩，厚鱼皮中胶质丰富，营养容易被人体吸收，泡饼口味更佳。鱼头泡饼这道菜是由张雅青将氽鱼头和鼋鱼罩饼合二为一研发出来的，延续 18 年的经典，美味从未改变。旺顺阁的鱼头，色、香、味、型俱全：首先，独特的配方和做法完全去除鱼的腥味；其次，鱼头配料已经标准化，根据鱼头重量的不同，配料的使用精准到克，确保顾客在每一家店吃到的每一份鱼头泡饼都是同样的味道；最后，在烹制过程中，不添加任何添加剂，不提前腌制，不过油煎，汤汁也不勾芡，全靠各种食材互相搭配，烹出本真的味道，其出品的鱼头有亮度、黏度，看起来就食欲满满。

为了让顾客更好地知道鱼头泡饼的吃法，旺顺阁梳理了鱼头泡饼的六步吃法，如图 5-39 所示。

第01步
吃鱼划水（俗称鱼翅膀）
鱼头中最嫩的部位

第02步
吃鱼唇
胶质含量最丰富

第03步
吃鱼眼
美食家最推荐的部位

第04步
吃鱼脑
富含脑黄金

第05步
吃鱼肉
高蛋白低脂肪

第06步
吃泡饼
把饼撕碎蘸着吃

图 5-39　旺顺阁为鱼头泡饼制定的六步吃法

与此同时，旺顺阁通过食材的全面升级，不断为顾客的健康保驾护航，提升鱼头泡饼的价值。其核心菜"鱼头泡饼"，一年销售两亿多元，占销售额的 50%。

除了鱼头泡饼，旺顺阁还加上了十道菜，作为鱼头泡饼的黄金搭档，这 11 道菜的销售额占总销售额的 80% 以上，在实施品类聚焦战略后，虽然旺顺阁一直在删减菜品，但利润却翻了一番。图 5-40 为旺顺阁的十大必点菜。

图 5-40　旺顺阁除鱼头泡饼外的十大必点菜

旺顺阁创始人张雅青说："希望大家通过这种打造差异化、特色化来赢得市场，而不是同行之间恶意杀价竞争，杀着杀着我们都杀没了，遍地都流血，都是餐饮人在流血。你卖一块，我卖八毛，最终伤害顾客也伤害自己，所以不是顾客逼我们降价，往往是我们自降身价，是我们自己首先就没有敬畏这个行业。一道菜不能只是嘴上说是特色，得看有没有真正用心，你的产品特色越鲜明，议价能力就越强。"

这就是旺顺阁鱼头泡饼的秘密，也是品类聚焦的力量。

资源差异化聚焦法则在餐饮行业应用的不多，但恰当的应用绝对可以一鸣惊人，经营者可以靠对匠心精神的传承、对产品的极致要求成就品类的差异化，最终屹立于金字塔的顶端。

打造新体验差异化品类，用新模式带来新的增长力

有一些餐饮品牌被顾客认可，往往不是因为产品本身，而是靠新奇的产品呈现模式，其开创了新的就餐体验，占据了顾客心智，并形成了独特的品牌认知基因。我们把这种依靠新体验差异化的餐饮品牌归类为

餐饮品类创新的一种方法：新体验差异化聚焦法则。

很多餐饮企业每时每刻都在创新，但能成功建立差异化品牌认知并且存活下来的很少，幸存者最后都成了大家耳熟能详的大品牌。例如，呷哺呷哺和辣莊穿越文化主题火锅，这两个品牌是打造新体验差异化品类的典型范本。

1999 年，当人们对火锅的认知还停留在散台式就餐模式的时候，贺光启引入了吧台式小火锅，并取名为呷哺呷哺，在闽南语中呷哺就是涮涮锅的意思。关于这个拗口的名字，贺光启有自己的一套逻辑——"名字越难念，顾客越能记住"。采用这种新模式在当时是需要巨大决心和勇气的，北京老铜锅的模式在老百姓心中根深蒂固，整个市场都没有单人单锅模式的火锅店，更没有拥挤的吧台式小火锅。2002 年 5 月，呷哺呷哺在北京西单明珠大厦开业，开业仪式很隆重，但生意并不如意，据说当时一个上午才卖出去三锅。

让顾客和市场对一个新事物形成认知并获得好感，这本身就是巨大的挑战，存在难以预料的风险，也需要付出巨大的代价。在创业之初，贺光启也曾安慰自己"顾客接受新事物有一个过程"。随后的两个月，呷哺呷哺一共也才卖了 60 锅，最惨的时候一整天只有一个客人。这下，贺光启慌了神：是羊肉价格太高了？那就从 50 元降到 40 元！是吧台太高了？那就变矮，变矮，再变矮！还没等贺光启找到问题，"非典"席卷了整个北京地区。2003 年春节过后，北京到处都是消毒水的味道。

在不安情绪的笼罩下，十家有八家饭店关门。贺光启不甘心就这么放弃："日子再难过，也架不住人要吃饭。""吃火锅送珠宝，吃多少送多少！"贺光启站在店门口大声吆喝。最后还真的引来了五个年轻人，其中一个女孩子一进店就惊呼："一人一锅，非典也传染不上！"女孩子不知道的是，为让顾客保持一定的距离，贺光启已经卸掉了吧台的五张转椅，"如果还觉得不安全，可以单独摆小桌"。火锅的价格更是让五个年轻人心动不已："大鸳鸯锅 8 块，小鸳鸯锅 3 块""5 块钱的蔬菜拼盘，14 块钱的羊肉"。一结账，五个人才消费了 150 元。第二天，店里一下子涌过来 100 多个年轻人。到了 2003 年 10 月，西单店门口已经开始出现排队现象。随后，贺光启拿出 1 万元在北京交通广播打出广告："今天你呷哺了吗？"两个月后的 12 月 24 日（"平安夜"），呷哺呷哺创下了一天客流量 2000 位的纪录。

在店面布置上，采用吧台式桌椅，配上单人的小火锅，使得顾客的空间被压缩，也在一定程度上避免了顾客长时间边吃边聊的情况，将其就餐时间控制在 25 分钟 ~40 分钟，保证有效的翻台率。吧台式布局的另一个好处就是可以让单位面积的顾客容量增加 30% 以上。在人力成本上，服务员站在吧台中央，可以将四周顾客的一切需求尽收眼底，并能在第一时间迅速响应，一名服务员最多能同时为 20 位顾客服务，一家店只需三名服务员就能满足需要，这大大降低了人力成本。

2004 年，呷哺呷哺一口气在北京三环之内开了 10 家店，到了 2005 年上半年，五环以外也有了呷哺呷哺的身影。此后 10 年，呷哺呷哺不断融资并高速增长，并于 2014 年 12 月 17 日上市。2014 年至 2016 年，呷哺呷哺的营收分别为 22.02 亿元、24.25 亿元和 27.58 亿元；净利润分别为 1.41 亿元、2.63 亿元和 3.68 亿元；经营活动现金流量净额分别为 3.15 亿元、3.7 亿元和 3.95 亿元，毛利率分别为 60.42%、60.98% 和 64.5%。呷哺呷哺的成功也让很多人争相模仿，不过大多数模仿者最终都退出了餐饮舞台。

如今，呷哺呷哺还在"狂奔"，十几年的排队神话震惊了餐饮圈；在模式和规模上，呷哺呷哺还没有遇到可以匹敌的竞争对手。这种快时尚吧台式火锅不仅由呷哺呷哺首创，还是它最有力的竞争壁垒。

吧台式火锅给顾客提供了一种新的就餐体验，刷新了吃火锅的"姿势"。这种与众不同的体验，在顾客心智中形成的品牌认知就是独一无二的，当然，呷哺呷哺的定价和品质也是顾客愿意埋单的重要因素。历经近 20 年的品牌发展后，呷哺呷哺推出了高端火锅"凑凑"，同样一开就火，目前也成为呷哺呷哺新的利润增长引擎。对于"凑凑"的推出，呷哺呷哺还运用了工艺差异化聚焦法则和味道差异化聚焦法则：在工艺创新上"凑凑"独创了"鼎锅"这一锅具；在味道差异化上"凑凑"除了进行口味创新，更重要的是改变了味道组合，将火锅和茶饮巧妙地结合起来。图 5-41 展示了呷哺呷哺和"凑凑"火锅。

▲ 持续排队的呷哺呷哺和新品牌"凑凑"火锅
图 5-41　左侧为呷哺呷哺，右侧是其新品牌"凑凑"

　　除了呷哺呷哺利用新模式、新体验完成品类聚焦，餐饮行业还有不少案例，比如新疆"天府惠自选火锅"、无餐具餐厅"动手吧"、胡桃里音乐酒吧、自助火锅餐厅"火宴山"、穿越文化主题餐厅"辣莊"等，接下来我们重点剖析一下辣莊火锅的品类聚焦之路。

　　辣莊火锅来自冰城哈尔滨，创立于 2007 年，旗下除了辣莊，还有多嘴蟹肉煲、满园春饼、魏少爷、老奉香、炭之家、猫婆重庆小面、和平饭店等七个餐饮品牌。辣莊独特的穿越风情形成了浓厚的文化底蕴，赋予了餐厅互动式文化体验这一主题。图 5-42 展示了辣莊火锅的门头造型。

　　"给我一餐时间，带你浏览千年"是辣莊的品牌口号。辣莊的每家餐厅都会有一个穿越主题贯穿始终，有的穿越到汉朝，有的穿越到大宋。

其在品牌不断升级后发展势头异常迅猛，与杨国福麻辣烫、无名缘米粉和张亮麻辣烫一起被称为黑龙江省"四大餐饮天王"。

图 5-42　辣莊火锅的门头造型

"这家店环境真好，也很有意思。"这是很多顾客对辣莊的评价。环境会影响人们进入餐厅的第一印象，因此很多餐厅都在装修上大动脑筋，穿越的装修风格也不罕见，但是像辣莊这样能将穿越风格运用到极致的却不多。首先，其在候餐区提供古装和道具供食客拍照，在这个吃饭必发朋友圈的时代，这个创意让顾客乐于传播；其次，其在互动区搭戏台演现代节目，让顾客边吃边看表演，瞬间穿越回古代；最后，其餐厅的环境更是别具一格，这里有荷塘轻舟、小鱼漫游、鸟语花香，还有盘丝洞、烟雨亭、水云天……优美的环境加上逼真的意境，让顾客流连忘返。餐厅内除了有古典元素，还有现代元素，比如太空舱，人脸识别密码门禁。这些场景给食客们带来了最特别的用餐体验。

有人说辣莊之所以爆火，和股东包贝尔有很大关系。当然，从营销传播和品牌背书的层面看，包贝尔确实为辣莊带来了知名度和粉丝顾客，但辣莊真正的创始人却是一位 1986 年出生的年轻人，叫鲁小旭。他从小就是一个有梦想的年轻人，2007 年在读大学二年级的时候，因时间相对比较空闲，所以他一边上学一边开设了自己的第一家火锅店，直到现在已经走过了十几个年头，其中有七年他做的都是传统火锅，经营得不是很理想，赔了两次，这让他成长了很多。他是一个不折不扣的餐饮人，鲁小旭说："十几年餐饮从业经历，我赔了七年，大概赔了 1000 多万元，成也好，败也罢，这都已成为过去。"2014 年，他们成立了辣莊这个品牌，是一家以穿越为主题的互动型餐厅，其在两年多的时间做到了全国火锅品类的前 20 名。

呷哺呷哺和辣莊的例子带给我们的启示是，新模式、新创意一旦尝试成功，再加上多年的经验积累，品牌将有可能迅速爆红并发展起来。品牌不仅能提升知名度，还能为餐厅不断引流，更关键的是品类差异化（品牌的直接特征）本身就是自带传播话题的。

写到这里，关于餐饮品类创新的六大方法和相应案例全部解析完毕，但我们对品类差异化塑造的探索永无止境。在六大差异化品类聚焦法则中，每一种方法各有侧重，但每一种方法用好了都可以帮助餐饮企业到达细分品类的"塔尖"位置，这就是塑造品类的好处。选择一个品类，赋予品类一个特色，并聚集全部力量把这个特色做到极致，你就可以成为这个领域振臂一呼的"英雄"。

第六章

品牌文案篇：餐饮尖叫文案训练秘籍

从品牌调性到品牌名称，再到品类名称，完成这几步，品牌的基本传播要素就有了。但到此时，品牌依然是静止的，它犹如一个平静的湖面，湖心的位置是调性、名称、品类，如果要想让顾客感受到湖心的力量，湖心必须发生震动，这个过程其实就是传播。而能够让顾客感受到的最有力的力量则是由湖心传播过来的波浪，我们可以将这些波浪类比为能够与顾客产生共鸣的文案。

文字的力量：那些一字千金的餐饮文案

自有文字以来，文案的力量就不容忽视。文案的力量，是一种激荡人心的力量。文案是对客观事实的陈述和表达，并不是臆想或自我欣赏。好的文案甚至具有一字千金的效果。

在塑造餐饮品牌的过程中，品牌名称、品类名称、品牌口号、品牌传播话语以及品牌故事至关重要。其实几千年来人们一直在写文案，写文案不仅是文案工作者的工作，上至国家领导人，下至黎民百姓都在用自己的方式写文案。其实，我国古代的诗词歌赋就是一种文案。我们的老祖宗很早就会写餐饮文案了，他们用极度凝练的文字来描述美食。比如北宋大文学家苏轼就是美食文案写作的高手，现在我们很多餐饮品牌的招牌菜文案都借鉴了苏轼的诗句。苏轼喜欢喝羊汤，为此他写道："秦烹惟羊羹，陇馈有熊腊。"他还专门写了《猪肉颂》："净洗铛，少著水，柴头罨烟焰不起。待他自熟莫催他，火候足时他自美。黄州好猪肉，价贱如泥土。贵者不肯吃，贫者不解煮。早晨起来打两碗，饱得自家君莫管。"这是他在被贬黄州时写的。还有一次在美食"派对"上，苏轼用其情有独钟的竹笋和猪肉一起煮了一道菜，并信手写下了一首打油诗——"无竹令人俗，无肉使人瘦。不俗又不瘦，竹笋焖猪肉。"至今这道竹笋焖猪肉还在很多餐厅售卖。苏轼曾经偶然吃到一位老妇人做的环饼，不由得题诗道："纤手搓来玉色匀，碧油煎出嫩黄深。夜来春睡知轻重，压匾佳人缠臂金。"寥寥28字，勾画出了环饼匀细、色鲜、酥脆的特点和形似美人环钏的形象，每次读到这几句我都不由得流口水。苏轼一生写

131

了很多餐饮美食文案，很多都流传了下来。除了他，还有很多诗人也是餐饮文案高手。唐朝王翰的"葡萄美酒夜光杯，欲饮琵琶马上催"是非常经典的红酒文案，杜甫的"鲜鲫银丝脍，香芹碧涧羹"说的就是鲫鱼汤的美味，李白的文案则更加豪爽直接，"人生得意须尽欢，莫使金樽空对月。……将进酒，杯莫停。"让人有再来一杯的冲动。

明朝的汤显祖曾留下了一句"一生痴绝处，无梦到徽州"的感叹，用几乎夸张的手法，把皖南徽州推销了出去，这句话本来和美食无关，说的是美景，但是几百年后却被一个叫杨记兴臭鳜鱼的品牌应用在了美食上。杨记兴引用这个文案的角度非常独特，因为这句话不是直接赞美臭鳜鱼的，而是从侧面描述了臭鳜鱼的发源地徽州犹如人间仙境。

那么，美如仙境的风景跟鱼又有什么关系？好水出好鱼，好环境才会出无污染、无公害的好食材。杨记兴餐厅所用的古法小榨菜籽油、鳜鱼、笋干等很多食材都是从皖南直接空运到北京的。我想，几百年前的汤显祖一定想不到自己的这句诗会和臭鳜鱼产生关联吧。

其实，餐饮人一直在寻找先人们留下的美好文字，然后运用文案写作技巧撰写出符合自己品牌调性的文案。很显然，汤显祖的这句诗非常适合杨记兴。这句诗赋予了杨记兴高雅的格调，同时也将其视觉呈现效果表达得淋漓尽致，这就是文字的力量（如图 6-1 所示）。

图 6-1　杨记兴臭鳜鱼投射在地板上的文案

　　除了凝练的诗词文案，清朝蒲松龄先生专门写了一篇《煎饼赋》，在此节选一些："一翻手而覆手，作十百而俄顷，圆如望月，大如铜钲，薄似剡溪之纸，色似黄鹤之翎，此煎饼之定制也……"这个长文案被善于做品牌营销的黄太吉煎饼用在店内海报上。

　　古人用精美绝伦的文字撰写了很多餐饮文案，他们的词句现在虽然不那么好懂了，但是他们所用到的写作技巧和现代的文案写作是异曲同工的，有的文案甚至是符合当代营销理论的。李白的经典诗句"两岸青山相对出，孤帆一片日边来"被火锅"黑马"巴奴毛肚火锅改编，它用"两岸青山相对出，一片川粉入锅来"描述巴奴的经典涮菜四川宽粉（如图 6-2 所示）。这使得本来平淡无奇的川粉，变得雅致起来。

图 6-2　巴奴毛肚火锅店内的"川粉"

　　文案发展到现在，古文已经被转换成了白话文，我们已经不像古人那样用词，文字更加生活化。如今大家公认的好文案有很多，例如，"农夫山泉有点甜""我们不生产水，我们只是大自然的搬运工""怕上火喝王老吉""困了累了喝红牛""服务不是巴奴的特色，毛肚和菌汤才是""大鱼头不容易吃到""世界很大，云南不远""每天一头牛，新鲜不隔夜"等。

　　我们不难发现这些广告文案没有一句是难懂的，并且有几个明显的特征：（1）语言直白简单；（2）语句通畅如顺口溜；（3）诉求清晰明确，符合自身品牌调性。

尽管这些直白的文字放在古代会被嘲笑不够含蓄优美，但却是我们这个时代的好文案。大多数好文案不是文辞优美，而是诉求精准，能够让顾客一目了然地知道其特色是什么，以及对他们有什么好处。

顾客很少会去揣摩那些语言优美的词句是什么意思，直白的语言能让顾客快速理解，而顾客会根据文案的意思来快速匹配自己的需求。在信息大爆炸的时代，要想让顾客快速明白你的诉求，请尽可能地说"大白话"，多说对目标顾客有用的话。简单直白，直击人心。

如何使用文案写作技巧为餐厅创作品牌名

好的品牌名是文案的集大成者，是文案最精练的表达，同时也是构建品牌认知基因的重要组成部分。然而遗憾的是，我们见到过很多千奇百怪的餐厅名称，也见到过很多词不达意、乱拼乱凑的餐厅名称，这些餐饮品牌名称很难让人形成记忆，更别提传播了。归根结底是因为创始人对品牌名称的重视程度不够，没有意识到好的品牌名称的重要性，造成了品牌在后续经营和传播中变得被动，从而阻碍了品牌的正常发展。

餐饮企业需要一个恰当的品牌名称，这个品牌名称要和其商业模式、品牌定位、品牌调性、品牌视觉等元素高度关联并得到所有人员的认可。比如真功夫这个品牌名称，和"下足功夫用心蒸饭"高度关联，和品牌形象高度契合，和企业价值观相匹配，这就是好名字，其后续的品牌塑造节点都可以顺理成章地将品牌名称"基因"融入进来。

什么样的品牌名称算是好的品牌名称

如何衡量一个餐饮品牌名称的好坏，我总结了六个要素（如图6-3所示）：（1）是否好记忆；（2）是否易传播；（3）是否有餐饮属性；（4）是否自带文化渊源；（5）是否没有歧义；（6）是否没有生僻字。

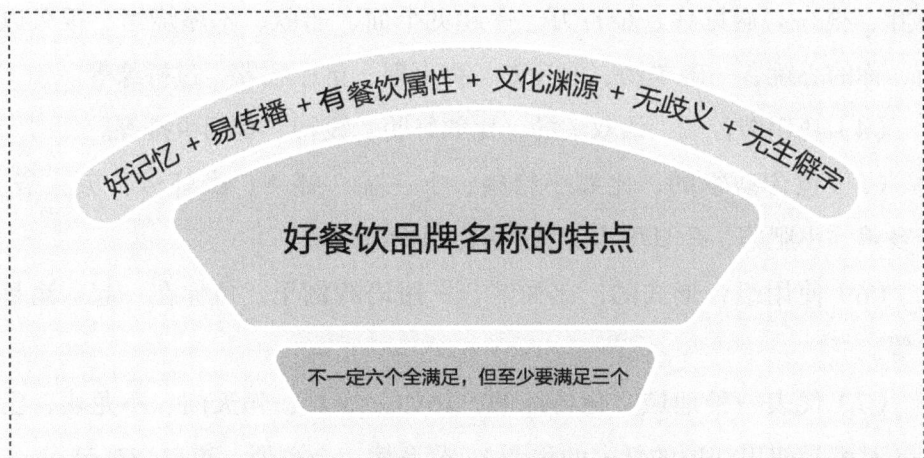

好记忆 + 易传播 + 有餐饮属性 + 文化渊源 + 无歧义 + 无生僻字

好餐饮品牌名称的特点

不一定六个全满足，但至少要满足三个

图 6-3　衡量餐饮品牌名称好坏的六个要素

当然，一个餐饮品牌名称不一定全部满足这六个要素，能满足两三个就算是好的了。好的品牌名称主要分为三大类：

（1）包含售卖品类名称的；

（2）品牌名称自带餐饮经营特色的；

（3）单纯的品牌名，既不带品类也不包含经营特色，但具有一定寓意。

以这三个类别为基础，餐饮品牌名称有很多命名的方法。

（1）自带餐饮字眼或售卖特点的，比如鼎鼎香、大河宴、新疆第一盘、芭比馒头、望湘园、甘其食、麻辣森林、美味印象、麻辣集市、喜茶、海碗居、周黑鸭、云味馆、阿香米线等。

（2）隐含人物或暗含故事的，比如杨国福、张亮、真功夫、馋小贝、蒸旋风、子曰烧饼、西少爷、老娘舅、外婆家、谷鹏麻鸭面、奈雪的茶、黄太吉、薛潘烤串、雕爷牛腩、姐弟俩土豆粉、胖哥俩肉蟹煲、锅大侠火锅等。

（3）巧用生活中认知度高的词语或短语的，比如绿茶、水货、局气、蕉叶、很高兴遇见你、金百万、一起见个面、船歌、木屋烧烤、很久以前、你的心跳、一碗羊汤、俏江南、狗不理、草原牧歌、过桥缘等。

（4）巧用谐音或一语双关的，比如好肋、馍特、食间牛排等。

（5）包含动物的，比如小猪猪、十三猫、蚝爷、豪虾传、兔三爷、老乡鸡、小肥羊、今日牛市、鲜牛记、小尾羊等。

（6）使用组合形式的，比如谐音＋短语的例子，鱼你在一起、渝是乎等。

（7）代表一种地域文化特征的，比如云海肴、朝天门、小龙坎、巴奴（其实是四川江边的纤夫的称谓）、苗乡楼、金澜郡、道口烧鸡等。

（8）巧用数字组合的，比如57度湘、三食六记、八佰宴、3000蒲、明月3000里烤肉、24味坊、2人锅等。

我们发现以上名称没有一个是难记的，都非常简单巧妙，它们均把容易记忆和容易传播作为命名的主要因素。

然而，随着越来越多餐饮人对品牌商标的重视，餐饮品牌名称已经越来越难注册，很多好的名称已经被人抢注或恶意注册。还有一大部分餐饮人在创业初期品牌意识淡薄，没有去注册自己的品牌名称，当发展到一定规模时，突然想起来要去注册商标，却已经来不及了。

因此，在为品牌命名的时候，餐饮企业创始人应先向商标注册机构确认该名称是否已被注册，对于自己特别想要而又已经被注册的名称，可以考虑购买。从注册商标到完全成功通常需要1~2年的时间。

如何撰写让顾客"秒懂"的餐饮品牌文案

品牌文案是基于品牌核心价值而生发的传播语言，是传递给目标顾客最有力的文字话语。本小节重点讲一讲餐饮品牌文案的写作技巧和方法。当品牌定位、目标任务、品牌调性、品牌名称、品类名称确定之后，一个品牌的雏形也就出来了，接下来创始人就要考虑如何把品牌推销出去。怎样用简洁的语言把品牌特色说给目标顾客，并且让目标顾客快速理解，是餐饮文案构思的关键点。

　　文案传播其实暗藏了很多玄机和不确定因素，最大的制约因素是效率和误解。假如一只猫饿了，只是画出来一条鱼是没用的，如图 6-4 所示。

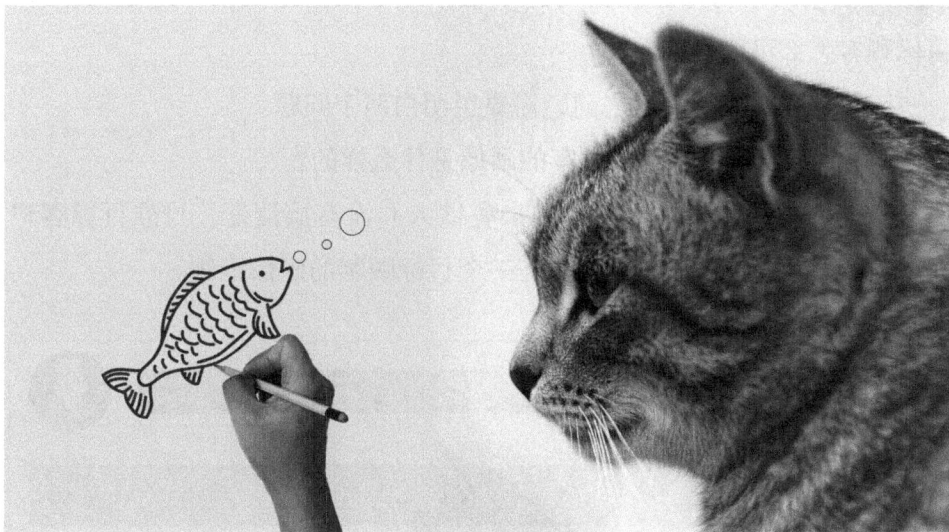

图 6-4　为猫画鱼

　　如果品牌方要把一件事讲给别人听，并且让对方听懂，这个过程有三个衡量指标很重要，诉求对象、传播速度和传播结果。

　　诉求对象其实就是目标客户，品牌方首先要确保自己的诉求对象是正确的。一个餐饮品牌不可能瞄准所有顾客群，只有精准锁定目标顾客才能确保方向正确。

　　传播速度越快说明效率越高，就会节约很多时间。这里所说的速度不是具体某种传播媒介的传播速度，而是把某件事情说明白的速度。

传播结果是衡量品牌文案是否真正有用的指标。不管用多少文字，或者用多少种文案表达方式，只要能又快又精准地让顾客理解，那么这个品牌文案就是成功的；如果在这个过程中经历了反复修正，那就说明走了弯路。品牌文案被目标顾客误解是餐饮人犯的最多的错误，会对品牌造成严重伤害。

顾客没有通过文案记住某个品牌，那不是顾客的错，而是品牌方没有使用正确的文案表达技巧，或者说违背了品牌文案的基本写作要求。就像我们小时候写命题作文写跑了题，对于那些把文案写跑题的品牌，目标顾客怎么可能会不误解？

因此，我们在写文案之前，需要想明白两个问题。

问题 1：说给谁？目标顾客的画像是什么样的？

这个问题看似简单，其实很多餐饮人并没有搞清楚，找准目标客户群是需要数据做支撑的。图 6-5 是一个目标顾客的画像示例。

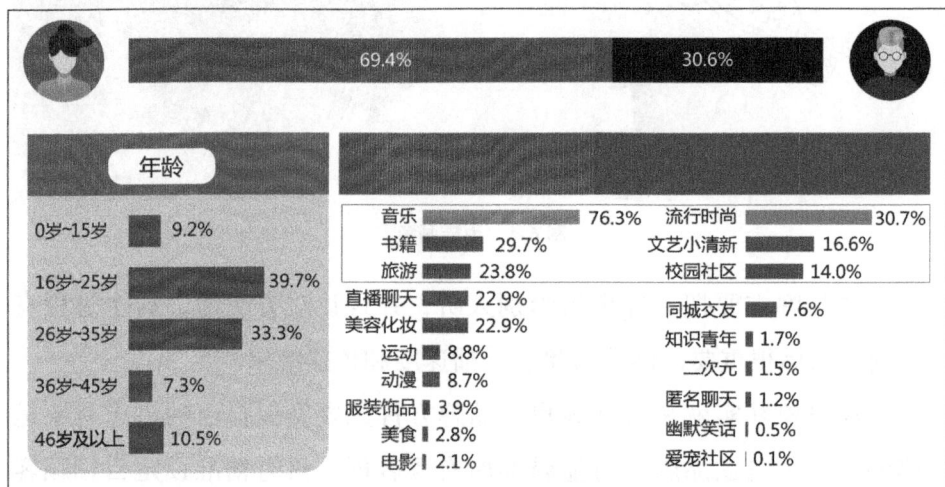

	69.4% 30.6%

年龄

0岁~15岁	9.2%
16岁~25岁	39.7%
26岁~35岁	33.3%
36岁~45岁	7.3%
46岁及以上	10.5%

音乐	76.3%	流行时尚	30.7%
书籍	29.7%	文艺小清新	16.6%
旅游	23.8%	校园社区	14.0%
直播聊天	22.9%	同城交友	7.6%
美容化妆	22.9%	知识青年	1.7%
运动	8.8%	二次元	1.5%
动漫	8.7%	匿名聊天	1.2%
服装饰品	3.9%	幽默笑话	0.5%
美食	2.8%	爱宠社区	0.1%
电影	2.1%		

图 6-5　目标顾客的画像

我们在策划每个项目的时候，都会做市场调研和顾客调研，提前设计好问题，然后收集数据作为参考，同时还会到达现场进行观察，甚至和顾客沟通。比如，我们在策划一个上海地区的麻辣烫品牌时，通过数据分析以及对竞品市场的深入研究，最终锁定该品牌的主力目标客户群为具有时尚气息并且有点"傲娇"的 23 岁~30 岁的女性。

得出的顾客特征是爱吃麻辣烫、爱美丽、爱吃新鲜蔬菜、不想长胖、追求品质食材、爱干净、喜欢小份菜不喜欢论斤称重、她们有点钱愿意吃点好的、她们喜欢精致的生活、喜欢微辣的口味。于是，我们结合该品牌的品牌调性创作了系列文案：提出核心口号——"麻辣轻生活"；延伸文案——"轻麻辣、多鲜蔬""爱吃鲜蔬人更美""荤君靠边站，我爱吃蔬菜"等。这样的文案既符合品牌调性又符合目标顾客气质，也符合该品牌的核心价值主张。

问题 2：怎么说？撰写餐饮品牌文案讲究哪些规矩？

一个品牌在找到了自己的目标顾客，并且了解了顾客的消费习惯和爱好后，就可以"对症下药"地撰写文案了。但不是所有的餐饮品牌都要细分客群，因为有的品牌客群宽泛，比如旺顺阁鱼头泡饼的目标顾客就比较宽泛。

无论是哪种类型的餐饮品牌，都要遵守一定的文案写作规矩。

第一个规矩：少用"自嗨型"文案

品牌方所写的文案必须简单凝练、易懂易上口、没有生僻字容易识别、没有歧义、不弄巧成拙、不"自嗨"、不借势恶俗事件、不打擦边球等。这是一个非常重要的前提条件，比如"没有生僻字容易识别"这一关很多人就没有通过，类似"天下第一鱻，吃着也不犇"的文案层出不穷。除此之外，类似"来××餐厅，感受至尊享受，品鉴极致美味""吃出健康，吃出美味，激发你的味蕾""时尚又健康，美味传四方""最好吃的××""男人的加油站，女人的美容院"这样的宣传文案也屡见不鲜，我们乍一看这些文案没什么毛病，但细究就会发现这些文案基本上没有传递出品牌的特征，可以将其归类为"自嗨型"文案。

第二个规矩：清晰表达出文案传递的具体信息

文案不是凭空捏造的，而是基于品牌定位、产品特色、品牌文化、目标客群而撰写的有针对性的文字。文案最好直击顾客的痛点，比如农夫山泉的"农夫山泉有点甜"、王老吉的"怕上火喝王老吉"、老乡鸡的"老母鸡汤＝营养"。我们发现这些文案不仅容易懂、容易记住，而且明确地传达了产品的益处，所以是成功的文案。

人口渴的时候要喝水，那喝什么样的水更好呢？市场上的水一般都在打"纯净水"的概念，但农夫山泉的宣传语却传达了两层意思，第一层是他们家的水是山泉水，让顾客一下子就能想到大山深处清冽的山泉，第二层则是农夫山泉的水"有点甜"。这个诉求直击顾客的体验，同时占据制高点，占据舆论话语权，让对手无法再通过"水的甘甜"与其竞争，这是一句很简单的话语，却达到了一句顶一万句的效果。

王老吉的口号是"怕上火喝王老吉"，当这个口号的传播越来越广的时候，王老吉就成了防止上火的代名词，这个文案同样通过直击顾客痛点，刺激顾客产生了购买行为。这个文案没有使用华丽的辞藻或"高大上"的概念，但也价值百万。

在餐饮行业这样的案例比比皆是。老乡鸡是安徽省的快餐品牌，自从将"肥西老母鸡"（老乡鸡原来的品牌名称）进行更名、升级后，其一直在强调一个产品概念：老母鸡汤＝营养，这个直击顾客痛点的口号出现在老乡鸡每家店的外墙上。其实中国人都知道老母鸡汤大补，营养非常高，这是印刻在人们已有认知当中的。这句广告词唤醒了顾客潜意识里要补充营养的动机，提升了顾客的行动概率。

第三个规矩：文案写作要遵循"少就是多"的理念

餐饮企业创始人在撰写品牌文案时不要贪大求全，品牌文案诉求点越少越好。因为顾客的注意力只会在你的文案上停留几秒钟，说得太多等于没说。品牌文案要选取一两个关乎顾客利益的关键点，并要确保能够让顾客产生具体的联想。我在第三章中讲过好的品牌文案有三大判断标准（如图 6-6 所示），具体包括：（1）关乎顾客利益；（2）产生具体联想；（3）刺激产生行动。这三个标准是基于"少就是多"的理论基础总结出来的，满足两点以上的基本就算好文案。

"关乎顾客利益"是非常关键的一个前提，很多大品牌的文案都满足这一标准，比如王老吉诉求"怕上火"、农夫山泉诉求"有点甜"、老乡鸡诉求"老母鸡汤等于营养"都是关乎顾客利益的。同时，它们也让顾客产生了具体联想，王老吉让顾客联想到预防上火的办法，农夫山泉让顾客联想到山泉水的甘甜，老乡鸡让顾客联想到喝老母鸡汤可以补充营养。而对于"刺激产生行动"这个标准完成得最好的是王老吉，怕上火就喝王老吉，这能刺激顾客产生购买行动。

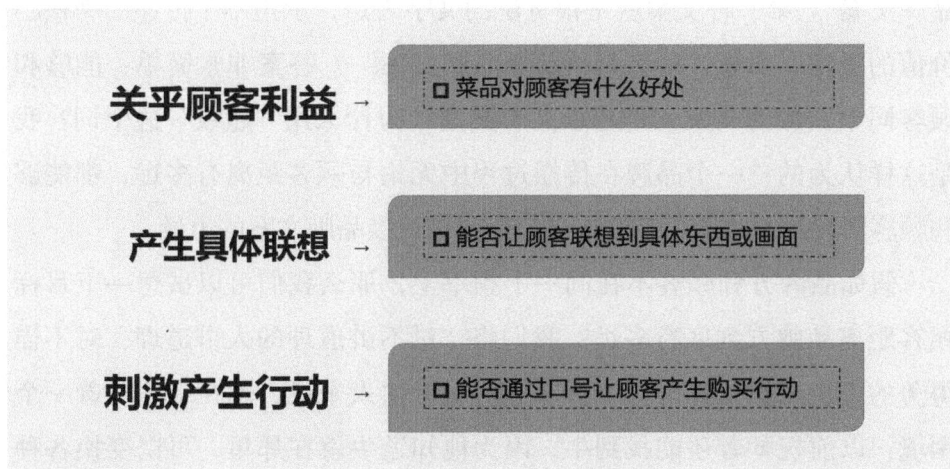

关乎顾客利益 → □ 菜品对顾客有什么好处

产生具体联想 → □ 能否让顾客联想到具体东西或画面

刺激产生行动 → □ 能否通过口号让顾客产生购买行动

图 6-6 好文案的三大判断标准

知晓品牌文案写作的三个规矩后，品牌方在写餐饮品牌文案的时候就可以少走弯路，直截了当地讲明白自己是谁。比如旺顺阁的口号"大鱼头不容易吃到"，能让顾客快速获得两条信息，即鱼头很大且不容易吃到。后来旺顺阁升级了口号后又加了一句"鱼头越大越好吃"。他们之前的诉求点是"鱼头大和不容易吃到",没有诉求产品带给顾客的具体利益,所以就加了一句"鱼头越大越好吃",并且详细阐述了为什么鱼头越大越好吃。再比如鱼酷烤鱼的口号"每条鱼都是运动员"则强调了自己的鱼是活蹦乱跳的,跟死鱼、冷冻鱼划清了界限,同样会提升产品在顾客心目中的形象。还有谷鹏麻鸭面的口号"用心做好面",则传达出了"处处很用心,只为做好一碗面",让顾客觉得谷鹏很用心,从而提升顾客在消费时候的满足感和价值感。

伟大的餐饮品牌口号及文案是如何炼成的

客观地说,餐饮品牌文案有两种,一种是"文案",另一种是"超级品牌文案"。第一种文案就是很宽泛的文字表达,承担不了传递品牌核心价值的重任。那么,什么是"超级品牌文案"?答案非常简单:能够和顾客同频共振的文案就是超级品牌文案。为什么用"超级"这个词?我是这样认为的:一个品牌在传播过程中无论与顾客距离有多远,都能够和顾客同频共振并产生有效连接,这便是超级品牌文案的力量。

假如品牌方和顾客不在同一个频率上,那么我们可以试想一下目标顾客距离品牌方到底有多远?我们将"对不讲道理的人讲道理,对不懂得美的人讲风雅"称为对牛弹琴。但对餐饮人来说,现在却面临着一个困境:以前抚琴者还能找到牛,因为他知道牛就在那里,可以变换各种方法对牛弹琴,总有一天可以打动牛;但现在是牛根本不会给抚琴者第二次机会,甚至会飞速远离他,速度快到让他根本追不上。

一旦这头牛没有在抚琴者的餐厅形成认知,牛就会跑到别家餐厅,这时候再想用琴声打动牛,那几乎是不可能的。就算抚琴者后来拥有了正确的方法,提供了正确的产品,牛再次回去的概率也会大大降低。

　　品牌方要懂得走捷径，就像穿越时空虫洞一样，以最快的速度链接目标顾客，而发生链接的前提就是品牌方和顾客同频共振。就像电影《星际穿越》的结尾部分，男主角在地球上的几十年后通过虫洞和女儿发生了心灵感应，"我"和"顾客"相距很远，要想和顾客快速对话，就要直接"走虫洞"，"走虫洞"就是利用超级文案和顾客同频共振，如图 6-7 所示。

图 6-7　使用超级文案就好比"走虫洞"

　　品牌文案最终是要传递给顾客的，要想和顾客同频共振，品牌方要做两件事：第一件事是先忘记自己的身份，目的是避免掉入"自嗨"陷阱；第二件事是学会站在顾客视角诉说和表达自己。

　　那么，顾客视角是什么样的？顾客关注的是什么？为此我总结提炼了七个关键点。

　　第一个关键点：顾客在不了解一个品牌的时候，相比一个品牌的广告内容他们更关注产品本身。

　　当顾客不了解一个品牌的时候，或者品牌没有形成影响力之前，顾客往往关注的是该品牌的产品特色，餐饮行业就有不少大品牌的文案诉求是直接针对产品的，最典型的就是巴奴毛肚火锅，那句广告词（服务不是巴奴的特色，毛肚和菌汤才是）的指向性非常明确，直接指向其产品——毛肚和菌汤。品牌口号必须简短凝练，它是钉在品类里的语言钉子，之后与品牌相关的传播文案都将依托这一口号来展开，既然巴奴聚焦了毛肚和菌汤，紧接着就为毛肚和菌汤寻找卖点和背书。比如为毛肚找到了利用木瓜蛋白酶嫩化技术发制的卖点，为菌汤找到了原生态野生菌的背书，再之后针对这些卖点进行软文推广，在媒体和自家公众号上传播，并且为毛肚专门写了"巴奴头牌诞生记"的相关文章。除了巴奴毛肚火锅之外，像乐凯撒的口号"榴莲比萨开创者"、阿五黄河大鲤鱼的口号"精选更好的食材，单锅现烧更入味"、杨记兴的口号"微微臭，自然发酵臭鳜鱼"、无敌家拉面的口号"一斤骨头一碗汤"、杨国福的口号"可以喝汤的麻辣烫"等都是在描述所售卖菜品的特色。

第二个关键点：广告文案中重复出现的品牌名称或品类名称会加强顾客的记忆。

对品牌方来说，要想让品牌一直存在于顾客心智之中，就必须对顾客不断重复诉说品牌的价值和特色。比如，即便可口可乐、麦当劳已经非常有名了，它们每年还是会花巨额资金来推广自己的广告。我们在生活中会听到很多熟悉的广告词，比如流传比较广的"怕上火喝王老吉""今年过节不收礼，收礼只收脑白金""送长辈，黄金酒""爱干净，住汉庭"等。我们会发现这些广告文案里都有对应品牌的名称，其每一次传播都在无形之中强化了品牌名称。对品牌方来说，这样不仅能节省很多广告费，而且能让人更容易记住。人们记住了品牌广告词，自然就记住了对应的品牌。还有一些品牌的传播口号是带有品类名称的，直接传播的是所售卖品类的特色，从而强化了品牌记忆点。

第三个关键点：顾客对品牌的具体细节更容易产生代入感。

通常，人们能不能对一件事情或者一部文学作品产生兴趣，往往取决于讲述人或作者对具体细节的描述。越是细化的描述，越容易被读者接纳并记住；越是笼统的描述，越不容易被读者记住。

人都有五觉，即视觉、听觉、味觉、触觉、嗅觉，人们会通过五觉去感受事物的具体细节。品牌方对产品的核心诉求点描述得越清晰就越容易成功。人们通过视觉去捕捉能够看到的画面，比如门店广告、招牌、明档等；通过听觉去捕捉能够听到的声音，比如顾客进入西贝莜面村后会听到服务员说"I LOVE 莜"；通过味觉去感受食物的味道；通过触觉去感受物体的触感，比如可口可乐的瓶子会给人独特的握感；通过嗅觉去感受食物散发出的气味，比如肯德基独特的炸鸡味道。

那么餐饮品牌文案如何描述细节？我们不妨看几个例子。比如，厨邦酱油的文案"厨邦酱油鲜，晒足 180 天"，这里的"晒足 180 天"就是一个具体的细节描述；再比如，老乡鸡的文案"180 天土鸡炖出的美味"同样传递出一个细节，其不仅是土鸡而且至少生长 180 天；还有一些文案如"当你还在辛苦加班时，星巴克的咖啡煮热了""远海捕捞，一路新鲜到餐桌""把海洋搬到厨房""富春江活鱼现烤""每只饺子里都有三个大虾仁""吃着火锅唱着歌"……这些文案都在向顾客传递具体的细节，这些具体的细节往往会让顾客联想到具体的画面，这就是我反复强调的"广告词好不好，就看能不能让顾客看后或者听后产生具体联想"。

第四个关键点：顾客获得的价值感比品牌本身传递的价值更重要，所以要为品牌赋能，从而增加品牌无形的价值。

每个品牌都由有形价值和无形价值两部分组成。当一个品牌越来越强大的时候，往往无形价值比有形价值更大。为品牌寻找背书，会提升品牌的溢价能力，比如西贝莜面村称自己是"中国首家走进联合国的餐饮品牌"，之后又与"舌尖上的中国"里张爷爷空心挂面的创始人合作，对外宣传"吃张爷爷空心挂面，感受舌尖上的味道"；旺顺阁鱼头泡饼同样使用背书为品牌赋能，告诉顾客这是"两次登上'舌尖上的中国'的味道";九锅一堂则说自己"用农夫山泉水烹煮美味",在大多数顾客的认知中,农夫山泉是大品牌,是值得信赖的,这样便提升了九锅一堂的溢价能力;绿茶旗下的 playking(玩者薄饼)用"来自米其林三星大厨的手艺"来吸引顾客;成都一巴骨骨头砂锅则做了多个文案背书,比如"吉尼斯世界纪录申报品牌""CCTV 推荐品牌"等(如图 6-8 所示)。

这些品牌利用各种背书为品牌赋能,让品牌拥有了光环,产生了无形价值,从而让顾客在消费时获得了更大的价值感。

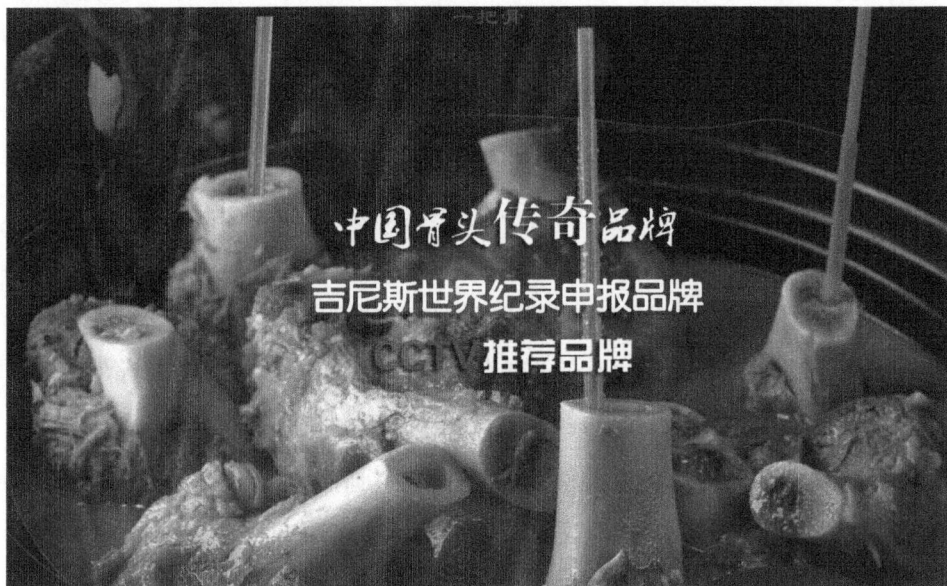

图 6-8　一巴骨的品牌宣传文案

第五个关键点:找到顾客已有认知中存在的话语,更容易和顾客产生共鸣。

找到在顾客心智中已有认知的事物,可以让品牌的传播效果事半功倍。已有认知不单是存在于人们记忆中的符号、人物等,还可以是一句话、一句谚语或者一个流传很广的故事。比如真功夫的口号"营养还是蒸的好"为什么会让大家听着耳熟?

因为它是非常生活化的用语，并且在广大消费者心中是有认知基础的，比如大家会联想到：水饺还是现包的好吃，面条还是手擀的好，袜子还是纯棉的舒服等。"什么还是什么"这样的句式广泛存在于人们日常对话中，这就是认知的力量。我们在为 STYLELOVE 甜甜圈项目提炼广告词的时候，用了"有爱就有甜甜圈，Have love have donuts"，如图6-9所示。其实"有什么就有什么"的句式已经存在于人们的已有认知中，比如有耕耘就有收获、有真爱就有快乐、有付出就有回报等，我们巧妙地借助广告词来唤醒顾客的已有认知，达到了促进传播的效果。

图 6-9　STYLELOVE 的广告词

第六个关键点：与顾客在某种需求上达成情感共鸣，可以让顾客对品牌"动情"。其实广告文案的形成需要经历三个阶段。

第1阶段：当一个品牌没有知名度或者处于初创阶段时，顾客对该品牌是没有感情的，所以应尽量撰写产品型文案。

第2阶段：当品牌拥有一定的知名度的时候，可以使用带感情色彩的文案。比如蒙牛的广告文案从"来自大草原的牛奶、自然好味道"进化到"点滴幸福",王品牛排的文案从"一头牛只出六份牛排"到"只款待心中最重要的人"。

第3阶段:打造让顾客认可的理念,从而让顾客喜爱你的品牌。比如,"麻辣轻生活""生活不仅有诗和远方,还有一碗麻辣烫",这些文案利用情感诉求和顾客产生了共鸣。

对于一般的餐饮品牌,我们不建议盲目"用情",因为"情"这个东西是感性的,特别难以把握尺度,也很难揣摩顾客的共鸣点。

第七个关键点:能够激发顾客参与感的传播文案,会大幅提升品牌黏性。

小米的联合创始人黎万强写过一本书叫《参与感》,其核心观点为构建参与感,就是把做产品、做服务、做品牌、做销售的过程开放,让用户参与进来,建立一个可触碰、可拥有,和用户共同成长的品牌。为了提升餐饮品牌顾客的参考感,我总结了三个战略和三个战术,将其称为"参与感三三法则"。将"参与感文案"发挥到极致的品牌有江小白、杜蕾斯、网易云音乐,在餐饮行业比较有名的是厦门宴遇餐饮。

江小白总是能推出一批又一批的"刷屏级"文案,这些文案不仅能和顾客产生共鸣,而且能激发顾客的参与感,一开始这些文案是江小白自己写的,后来很多文案都是从无数个顾客那里征集来的,江小白将征集来的文案印在酒瓶上,并附上作者的照片和名字。这种极具参与感的文案为什么会迅速火爆整个市场?其深层原因就是江小白调动了全民的参与热情。

网易云音乐也采用了这种文案表达方式,通过让顾客在歌曲下面评论的方式实现了快速传播。人们在听音乐的时候,总会调动自己的情绪,并会产生代入感,随着情绪的变化,就会写一些文字来抒发情感,从而进一步释放自己内心的感受。网易云音乐比较经典的文案有:哭着吃过饭的人，是能够走下去的；我在最没有能力的年纪，碰见了最想照顾一生的人；我想做一个能在你的葬礼上描述你一生的人；一个人久了，煮个饺子看见两个黏在一起的也要给它分开；当你觉得孤独无助时，想一想还有十几亿的细胞只为了你一个人而活；喜欢这种东西，捂住嘴巴，也会从眼睛里跑出来；年轻时我想变成任何人，除了我自己。

宴遇餐厅以"遇上人生中最美妙的就餐环境，品鉴最心仪的时尚创意餐品"为核心理念。在宴遇餐厅，客人落座后，服务生会端上一个相当有年代感的袖珍宝盒，在神秘宝盒被缓缓打开后，"寒气"喷涌而出，隐约显现出几只散发着危险气息的褐色药瓶——其实，每盒只有一瓶是令人发怵的"毒药"（如图 6-10 所示），其他的全是美味果汁，而会不会喝到"毒药"，则全靠顾客的运气。其品牌文案也很有意思："老同学欠钱不还？约 ta 来宴遇""损友第一次来旅游？约 ta 来宴遇""总被同一个人放鸽子？约 ta 来宴遇""闺蜜忙恋爱，好久不联系？约 ta 来宴遇"。宴遇餐厅将普通的朋友聚餐，变成探险之旅，惊险刺激，不仅话题性强，极得年轻人欢心，而且能引发顾客的参与感。

除此之外，宴遇还有一系列能提升顾客参与感的文案，比如，对不起，把你辣哭了；被放鸽子52 次，不如来手撕鸽子；当场开撕，一只肉嫩多汁的小乳鸽……图 6-11 为宴遇餐厅的日常宣传海报。

图 6-10 宴遇餐厅的"毒药"

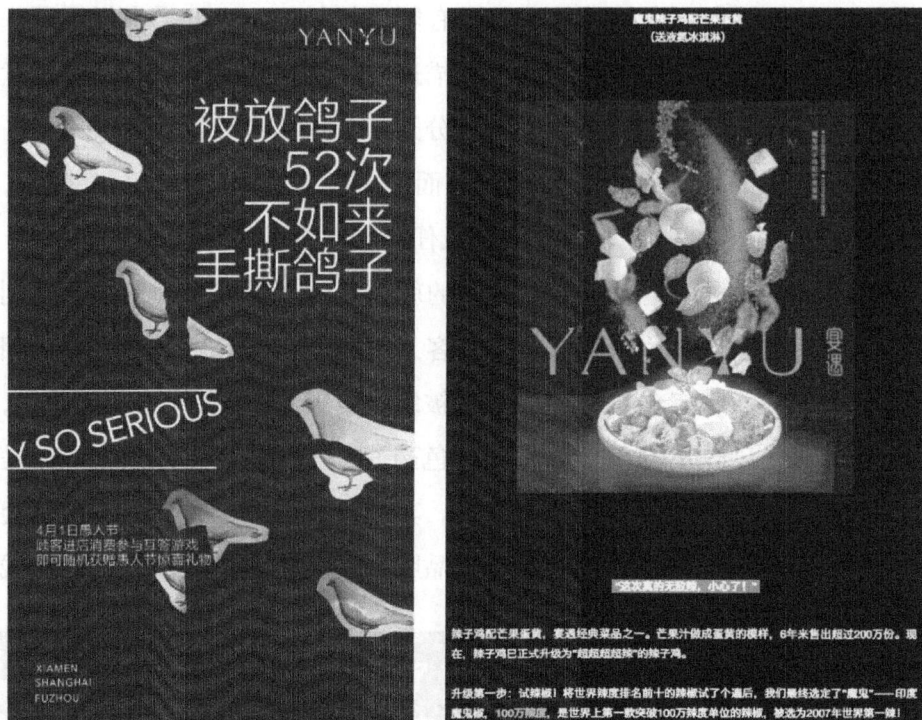

图 6-11　宴遇餐厅的日常宣传海报

　　站在顾客视角，可以让品牌方明白顾客的关注点是什么，从而在确定品牌口号或者品牌文案的时候，参照顾客的关注点，最大限度地和顾客同频共振。而顾客的关注点就是我们说的痛点，找到并解决这些痛点，品牌方就有可能撰写出超级品牌文案。

餐饮品牌故事的两种有效写法

　　品牌故事是餐饮企业打造超级品牌文案的最后一步，是将品牌调性、品牌名称、品类名称、品牌口号、品牌传播文案汇聚到一个大容器，然后经过提炼后，形成的独特的、极易传播的小故事。好的品牌故事能让人口口相传，比如全聚德、第一楼、狗不理这些老字号的创立过程本身就是一个故事，经过百年传承已经代代相传了。

经常听到创投圈的朋友面对一些创业者的路演，发出"这个故事讲得还不够性感"的感慨，他们所说的"不够性感"指的是创业者对自己项目的讲述不够精彩，没有捕捉到投资人的兴奋点，而餐饮圈的黄太吉煎饼创始人赫畅先生就特别会讲故事。他将创业经历和商业模式融合在一起，讲得眉飞色舞，甚至让听的人感同身受，十分感动，这就是会讲故事的人。

那么，该如何为一个新品牌写出一个好的品牌故事呢？我总结了两个方法，在此举例说明。

第一个是人物故事类型法，通过描述人物经历去打动顾客。

品牌故事的第一个要素是人物。讲人物故事是大多数品牌采取的方式，比较典型的有香奈儿、迪士尼、星巴克等。

以下为香奈儿的品牌故事概要。

12 岁时，因母亲去世、父亲离家出走，加布里埃·香奈儿（Gabriella Chanel）被送到孤儿院，连登记的姓氏也被错写为 Chaznel。她在这里磨炼出了坚韧的个性，并学会了缝纫。因在咖啡店驻唱 "Qui qu'a vu Coco"（有谁看见了 Coco），从此被昵称为可可·香奈儿（Coco Chanel）。1909 年，她从一间小小的帽子店起家，并在商人皮埃尔·威斯尔莫（Pierre Wertheimer）先生的资助下，于 1914 年开创了 Chanel 时装屋，总部位于巴黎，并延续至今。

香奈儿的故事以香奈儿悲惨的童年开始，讲述了她虽然历经苦难，但磨炼了意志，最终以小帽子店起家，一步步打造了香奈儿这一世界知名奢侈品品牌。这种经历很容易让顾客产生代入感，从而与品牌形成共鸣。

以下为迪士尼的品牌故事概要。

一个年仅 21 岁的小画家，怀揣仅有的 40 美元，从家乡提着装有衬衫、内衣以及绘画材料的皮箱来到堪萨斯城。他经历了多次的失败，几乎一无所有。因无钱交房租，只好借用一家废弃的车库作为画室，每天夜里都会听到老鼠"吱吱"的叫声。一天，他昏沉沉地抬起头，看见幽暗的灯光下有一双亮晶晶的小眼睛在闪动。他没有捕杀这只"小精灵"，磨难已使他具有艺术家悲世悯人的情怀。往后的日子里，他与这只小老鼠朝夕相处，经常会在黑暗中你看着我，我看着你。艰难的岁月中，他们仿佛建立了一种默契和友谊。不久，他离开了堪萨斯城，去好莱坞制作一部卡通片。然而，他设计的卡通形象一一被否决，他再次品尝了失败的滋味。他穷得身无分文，多少个不眠之夜，他在黑暗中苦苦思索，甚至怀疑起自己的天赋。突然，他想起了那双亮晶晶的小眼睛！灵感像一道电光在黑夜里闪现了：小老鼠！就画那只可爱的小老鼠！全世界儿童所喜爱的卡通形象——米老鼠就这样诞生了。他就是大名鼎鼎的沃尔特·迪士尼。从此以后，他凭借着自己的才干和灵感，一步步筑起了"迪士尼大厦"。上苍给他的并不多，只给了他一只小老鼠，然而他"抓"住了。对沃尔特·迪士尼来说，这只小老鼠价值千万。

迪士尼的故事以一个怀才不遇的画家开始，讲述了他经历的磕磕绊绊，最后因为一只小老鼠而改变了命运。这个故事的细节和戏剧性的转折，深深地吸引着大众，让大众坚信"是金子总会发光，天无绝人之路"，这便是品牌故事传递的正能量。

以下为星巴克的品牌故事概况。

1961 年的冬天，对小小的舒尔茨来说，是那么寒冷。当卡车司机的父亲出了事故，从此失去了半条腿，终身与拐杖为伴。因为工伤，父亲失去了工作，这意味着家里失去了经济来源。舒尔茨 12 岁那年的圣诞节前，外面家家灯火璀璨，唯有他的父母依然在为如何借到钱而愁眉不展。父亲暴跳如雷，大骂几个孩子是吸血鬼，让他们滚，不要再让他看着心烦。母亲忍着眼里的泪花，让舒尔茨将两个弟妹带到街上去玩。舒尔茨发现一家便利店门口摆放的促销品琳琅满目，一罐包装精美的咖啡牢牢吸引住了他的目光。他将那罐咖啡拿起来塞进了自己的棉衣里，决定送给父亲做圣诞礼物。那个整日醉醺醺的男人没有再追问下去，还轻轻地摸了下儿子的脑袋说："谢谢你，儿子！"

舒尔茨想，虽然没有火鸡，没有圣诞树，但这罐咖啡可以让全家过个愉快的圣诞节了。可他高兴得太早了。圣诞前夕，正当一家人喝着舒尔茨"捡"来的咖啡，喜笑颜开地赞叹着这从没品尝过的浓香时，便利店老板找来了，他索要那罐昂贵的咖啡的钱。舒尔茨干的事曝光了，他站在墙角抖个不停，他趁着店老板还在家里嚷嚷，偷偷逃跑了。舒尔茨在街上流浪着，又冷又饿的他边走边哭，最后累得倒在地下通道里睡着了。后来，母亲找到了他，带他回家。当然，他还是没能躲过父亲的暴揍。这个刻骨铭心的平安夜留给舒尔茨的不是咖啡的浓香，而是痛苦的滋味，他发誓要努力奋斗，有一天能买得起最香的咖啡。从此以后，他对父亲的惧怕变成了憎恶，他们之间很少说话。

舒尔茨在大学毕业后干起了推销员的工作，通过自己的努力挣到了可观的佣金。他不仅给母亲寄了钱，还破例地为父亲挑选了一份别有意味的礼物，那是一箱产自巴西的上等黑咖啡豆。父亲只是淡淡地回应了几声，甚至讥诮地说："你拼了命去读大学就是为了能买得起咖啡？"舒尔茨毫不客气地说："是的，我用努力证明了自己买得起咖啡，也买得起想要的人生。而你，最好用这些巴西咖啡豆为自己冲泡一杯真正的黑咖啡，品尝一下苦涩的滋味是怎样的。"就这样，两人的交谈再次不欢而散。

1981年年初的一天，舒尔茨接到母亲打来的电话，她说他父亲很想念他，希望他能回去看看。舒尔茨从来没有想过父亲有一天还会说出想念自己的话，加上正好有一个大客户需要他去谈判，他拒绝了母亲的请求。

一周之后，在外地奔波的舒尔茨匆匆回到布鲁克林区的老房子，却没有见到自己的父亲，他在一周之前去世了。就在母亲给他打电话的第二天，父亲因脑溢血去世了，或许是死前一种莫名的预感和牵挂，父亲去世前一天突然对母亲说很想见儿子舒尔茨。然而，这最后的心愿没有实现。

舒尔茨的心被巨大的悲哀占据了，他希望他们还能像十年前那样打上一架，他更痛恨自己曾诅咒过父亲，如果时光能重来，他多么希望能和父亲在一起。可如今，连父亲的打骂也变成了永不再来的珍贵回忆。

此后几天，舒尔茨帮母亲整理父亲的遗物，不经意间看到了父亲留下的一个木箱，里面竟藏着一个锈迹斑斑的咖啡桶。即使它已经面目全非，舒尔茨还是一眼认了出来，那正是他12岁时为父亲偷来的圣诞礼物。往事涌上心头，他唏嘘不已。这时，他突然发现在盖子上刻着一行字，那是父亲的手迹：儿子送的礼物，1964年圣诞节。舒尔茨的鼻子酸了酸，他没有想到父亲如此珍视这件东西。他发现咖啡桶里还装着什么，打开一看，居然是一封已经揉得皱巴巴的信纸，看日期应该是他坚持上大学那年父亲写下的。父亲在信中写道："亲爱的儿子，作为一个父亲我确实失败，既没有给你一个好的生活环境，也没有办法供你去上大学，我的确如你所说是个粗人。但是孩子，我也有自己的梦想，我最大的愿望是能够拥有一家咖啡屋，能够穿上干净的衣服，悠闲地为你们研磨和冲泡一杯浓香的咖啡，然而，这个愿望我无法实现了，我希望儿子你能拥有这样的幸福。可是我不知道怎么让你明白我的心事，似乎只有打骂才能让你注意到我这个父亲……

父亲去了，舒尔茨感到生命的一部分也被抽空了。这时，妻子雪莉鼓励他说："既然你父亲的心愿是拥有一家咖啡店，那我们就替他完成未竟的心愿吧。"舒尔茨心中一动，是啊，如品咖啡一样去生活，不正是他们父子苦苦追求的吗？

凑巧的是，这时他看到一则广告，西雅图有一个小咖啡零售商准备转让店面。于是，舒尔茨毅然辞去年薪7.5万美元的职位，接下了那家小公司，将它变成了一间墨绿色的咖啡馆，并向西雅图的餐馆和其他咖啡店销售咖啡豆，日后驰名全球的星巴克就这么诞生了。

星巴克的品牌故事犹如莫泊桑的短篇小说，贯穿人物的童年和成年，讲述的是人世间伟大的亲情——父爱。与大多数故事一样，这对父子表面上冷酷但其实都在心底藏着对彼此的爱。

很多品牌用人物故事和自己的顾客产生共鸣，这种故事一般会传递强大的正能量，告诉顾客在挫折中不断奋斗，终将拥有美好的人生。

对于如何塑造一个好的人物品牌故事，以上案例是值得借鉴的，我从中提炼了五个关键词：（1）悲惨的人生经历（代入感）；（2）出乎意料的转折（抚慰顾客）；（3）融入情感（动之以情）；（4）不竭的奋斗精神（激励顾客）；（5）细节描写（增加真实性）。好的人物故事不一定每个方面都涉及，但一定有几个突出的点可以打动顾客。

第二个是菜品故事类型法，用精彩的传说引起顾客的兴趣，增加品牌的传播速度。

一道菜，可以让一个餐厅火爆几十年，一份美食，可以流传千年。我们听到过无数个关于美食的故事，全国甚至全世界每个地方都有特色美食，很多美食都有精彩的故事。比如，岐山臊子面、夫妻肺片等，我们不妨看看这三个故事有哪些值得学习的地方。

▼ 岐山臊子面的故事

相传周朝时，文王姬昌带人外出狩猎，在渭河畔遇见一条蛟龙从水中腾空而起，张牙舞爪，残害无辜。周文王令将士一齐射箭，一时空中箭鸣不止。顷刻之间，长五丈（约16.7米）、重千斤的蛟龙眼瞎喉断，从空中跌落下来。由于蛟龙肉有延年益寿和驱恶除邪的功效，文王让厨师将蛟龙剁成厘米见方肉丁，加上佐料烂成臊子，把煮好的面条捞在碗里浇上汤和蛟龙臊子。只吃面，不喝汤，再把汤倒进汤锅，如此循环不但将士们吃上了蛟龙面，就连当地乡亲也沾了光，品尝了鲜美的蛟龙面。从此，岐山人仿效这种吃法，将猪肉烂成臊子，浇汤而食，这就是流传千百年的岐山臊子面。

岐山臊子面的故事以周朝的神话传说融合帝王狩猎的情节展开，给人以历史悠久的感觉，从而让顾客觉得臊子面的文化积淀十分深厚。

▼ 夫妻肺片的故事

话说 20 世纪 30 年代，成都皇城附近是少数民族聚居的地方，人们只食用牛羊肉，忌食内脏，于是把所有内脏都扔掉了。

有一对年轻的夫妇，男的叫郭朝华，女的叫张田正，他们看着这些被扔掉的内脏，觉得很可惜，小两口正好也没有事做，正耽于生计，于是就到屠场，在堆积的内脏中翻翻捡捡，挑选自己觉得还有吃相的打理干净上锅煮熟，反复试验，终于做到了牛肚白嫩如纸，牛舌淡红如桦，牛头皮透明微黄，而后再配以夫妻精心调制的红油、花椒、芝麻、香油、味精、上等的酱油和鲜嫩的芹菜等各色调料，炮制出了这道传承百年的美食。

因为这道菜是用牛肉、牛心、牛舌和牛头皮等切成片杂烩在一起制作而成，故称其为"荟片"，因"荟"与"肺"的音相近，传开后便叫"肺片"。因其调制得法，香味浓郁，被称赞为"车行半边路，肉香一条街"。后来有位客商品尝了郭氏夫妻制作的肺片后，赞叹不已，送上一个金字牌匾，上书"夫妻肺片"四个大字。从此，"夫妻肺片"这道菜便更有名了。为了适应顾客的口味和要求，夫妻二人在用料和制作方法上不断改进，并逐步使用牛肉、羊杂代替牛肺。虽然菜中没有了牛肺，但人们依然用"夫妻肺片"这个名字来称呼这道菜，所以一直沿用至今。

　　夫妻肺片这道菜如果只是从字面意思上解读，大多数人都会误解。当你知道了这个故事以后，你会感慨"哦，原来是这样啊"，有一种豁然开朗的感觉，这类故事其实也不少，因为传的人多了，最终认知大于事实，大家自然忽略了事实。

　　关于菜品故事的塑造方法，我提炼了四个要素：（1）巧借历史名人；（2）巧借历史典故；（3）巧用背书；（4）赋予美食美好的寓意。紧扣两三个要素去精细打磨，即可成就优秀的菜品故事。

　　当然，无论是人物故事类型法，还是菜品故事类型法，都应遵循一些基本原则，即要有人物、时间、地点、事件、原因和结果，同时要把品牌调性和品牌相关文化理念融入进去。这样一来，其就可以成为某个餐饮品牌的专属故事，就会成为有生命力的故事。比如在创作烫捞的品牌故事时，我们就严格地使用了这个方法。

▼ 一碗烫捞的前世今生

　　千百年来，自长江宜宾到巫山，船工与纤夫朝夕劳作，以瓦罐为釜，江水为汤，鱼虾野菜做食，花椒辣椒为料。最原始的食材，最纯真的烹饪手艺，各种天然食材的汇聚，组成了一锅激情麻辣的美肴。一边烫，一边捞，于汗水之中尽情饕餮。而今，这种原始的美味，早已成为大街小巷的爆款菜，无论明星佳人，还是贩夫走卒，都在享用这美味。

　　随着城市的灯火越来越亮，忙碌的工作周而复始，人们越来越追求简单纯真的美味。少荤菜、低油脂、要健康，成了一种生活方式。于是，我们应运而生，当传统重口味遇到小清新，它们没有彼此妥协，而是相互融合，传统的麻辣和新鲜的食材，迸发出诱人好滋味，让美味顷刻回归本真。

　　根据其品牌调性，我们创作的这个品牌故事像诗歌又像散文，由于麻辣烫没有具体的发明人，这也给了我们比较充足的创作空间。在"时间"上用了"千百年"这样的词语做开篇，告诉大家麻辣烫这个菜品流传时间之久远；在"人物"上提到了船夫、纤夫，这是发明麻辣烫的最早一波群体，同时提到了明星佳人、贩夫走卒以及新时代的人们，将麻辣烫的受众拉宽，将时间拉回现在；"地点"从江边到船上，到城市，再到餐桌，介绍了麻辣烫一路演变的历程；"事件"则是关于麻辣烫如何得来，如何演变，如何改进的描述；"原因"则是江边纤夫就地取材，解决温饱问题；"结果"是诞生了麻辣烫（也即烫捞）。

因为麻辣烫比较亲民，是全民小吃，客单价低，所以这个平实优美的故事文案正好迎合了品牌的调性。

第七章

视觉设计篇：视觉不是为了好看，而是为了传播

品牌定位犹如人的躯干，品牌文化犹如人的气息，而视觉呈现则是裹在躯干上的衣服。其实一个品牌的视觉形象就是品牌定位和品牌文化的外在延伸。

不按规则搭配衣服，轻则不伦不类，重则被人认为"金玉其外，败絮其中"，不仅会误导顾客，而且会扰乱品牌核心价值的传递，后者对品牌来说是致命伤害。

所以如何为餐厅搭配"得体的衣服"，这是一门学问，本章我们将探讨视觉设计的理论基础和技巧。

餐饮品牌视觉设计的七大误区

"数据至上做策略，策略至上做定位，定位至上做设计。"这是我们做餐饮品牌塑造的大方针。品牌塑造到达视觉设计这一层面，就意味着餐饮品牌的"躯干"和"气息"已经贯通了，然而很多餐饮人因为不了解餐饮品牌的构成要素和塑造步骤，所以只能先从表象的东西入手。

最常见的就是很多餐饮人在开餐厅时最先做的是设计，因为在餐饮品牌的构成要素和塑造步骤中，只有设计是能看到的、是具象的，因为能看到，所以先想到。除此之外，很多餐饮人并不懂视觉设计，经常会陷入误区之中不能自拔。

要想做好餐饮品牌的视觉设计，首先要明白餐饮品牌视觉设计存在哪些误区。

误区一：陷入"自我喜好的误区"

很多餐饮企业创始人在进行品牌视觉设计时都可能陷入自我喜好的误区。作为一名普通人，我们可以随心所欲地满足自己的审美和喜好；但作为一个餐饮品牌的创始人，我们不能把自我喜好强加给品牌。当创始人陷入自我喜好的误区时，80% 的品牌将失去塑造的意义，只有在创始人既懂设计又懂顾客的极少数情况下才可能会获得成功。

陷入这个误区的根本原因是创始人可能是"自嗨型人格"，听不进别人的意见。尽管花钱雇了设计团队，但最终还是强迫设计团队听命于自己，结果自然很难符合品牌的调性。

那么如何跳出自我喜好的误区？创始人要记性一点：品牌最终是要交给目标顾客去检阅的，顾客是否喜爱才是重点，创始人要做的是如何让顾客喜欢品牌，而不是如何让自己喜欢自己的品牌。餐饮品牌创始人要把品牌当成一个独立的生命体，依托品牌本身的定位和文化来完成品牌的视觉设计。

误区二：陷入"盲目跟风的误区"

"潮流就像一阵风，我总是抓不住它的尾巴。"不少餐饮人有过这样的感慨。跟风，是餐饮人做品牌视觉设计的第二大误区。面对强大的对手，很多餐饮人的"核武器"就是"我仿你"。这部分人可以被归到"无主见型人格"的行列。

一仿就死，是很多跟风餐饮的最终宿命。比如"快时尚餐饮"火的时候，满大街的餐厅都在模仿外婆家、绿茶。在杭州知名餐饮企业外婆家看来，"傍名牌"是餐饮行业的恶习；它在江浙沪三地就打掉 46 个假冒的"外婆家"，仅杭州就有 7 个。为此，外婆家不得不成立"打假团队"，联合律师，全国奔走。

与"高仿者"相比，有些餐饮企业则只是模仿大品牌或者知名餐饮品牌的视觉形象，虽然不触碰法律底线，但依然不是正确的品牌设计姿态。比如"工业风"装修火热的时候，很多餐厅都改成了"工业风"，它们也不考虑自身的品牌调性，不管是中餐，还是西餐，直接照搬"工业风"设计风格。当"工业风"越来越多的时候，造成了顾客的审美疲劳，这时候出现了一大批"小清新"风格的餐厅，如图 7-1 所示，于是"清新风"设计纷至沓来，不过这股"清新风"会随着下一个流行趋势的到来而逐步被取代，比如喜茶的"高冷禅意风"、无印良品的"性冷淡风"等。

图 7-1　小清新风格的餐厅设计

在餐饮品牌视觉设计上陷入误区的企业很难获得顾客的倾心，即便一时蒙混过关，最终仍会被顾客识破，甚至会适得其反，被顾客嫌弃。像海底捞、西贝、巴奴这样的餐饮品牌总是在不断完善自己，从来不去跟风，而是靠着坚守品牌既定风格让自己成为被模仿的对象。

误区三：陷入"'颜值'至上的误区"

"我的餐厅'颜值'一定要高，一定要好看。"这是我们遇到的另一类餐饮人，可以把他们归类为"骄傲型人格"的行列，他们恨不得要让自己的餐厅"面朝大海，春暖花开"。这些餐饮创始人的骨子里有股倔劲儿，任谁都改变不了他们的想法，他们经常感慨："我的餐厅这么漂亮，食物这么丰美，为什么顾客都不来呢？"他们过分关注餐厅的"颜值"，而忽略了一个餐厅的成功还需要品牌力、产品力、运营力、营销力等其他因素的加持。

这类人认为只要把店面形象设计好，自然有人来吃。这样的餐厅也许前期会很火爆，但如果不将注意力放在产品上，时间长了，终究抵不过顾客的考验。曾经的"网红"餐厅赵小姐不等位就是一个值得思考的例子。这家餐厅在 2013 年开出第一家店之后，马上就火遍上海，随后开设了多家分店，然而最终这家餐厅止步于 2017 年。不少人还记得，最火爆的时候，在上海的各个商圈都能看到这家以盐烤、猪油菜饭为特色的餐厅。

餐饮业是非常讲究复购率的行业，这些"网红"餐厅不能一直靠粉丝撑着。餐饮品牌创始人要明白决定品牌命运的更多的是产品、服务等因素，而非餐厅的"颜值"。适合自己的才是最好的，即便它可能并不那么美。

误区四：陷入"面面俱到的误区"

你是否遇到过这样的餐饮企业创始人？他们不懂设计，但心中的"创意"却如滔滔江水，三天三夜说不完。"抱歉，不好意思，我还有一个绝妙的想法，我认为吧台应该这样设计才对。"过了一个小时，吧台修改好了。"实在抱歉，我认为吧台还是那样设计好一些，至少可以看起来低调一些。"再次修改之后，这个创始人又改了主意："哦，实在抱歉啊张工，我刚在朋友圈看到一个朋友的餐厅的吧台看起来不错，你再照着那个吧台修改吧……"

我相信这是不少设计师面临的日常问题，我也相信会有不少餐饮企业创始人这样做，我们可以将这类人归类到"焦虑型人格"的行列。他们追求完美，觉得自己的东西不那么好，还是别人家的餐厅顺眼一些，甚至会让设计师至少借鉴七八种餐厅风格。他们会非常认同"餐饮品牌设计应该结合定位融入品牌文化元素"的原则，也会指着设计作品说"这些东西还是不要了吧，直接借鉴××、××、××这三家吧"。

如何拯救具有焦虑型人格的餐饮企业创始人？无他，术业有专攻，将专业的事情交给专业的人去做，作为餐饮企业创始人，应该把更多的精力放在产品和运营上。

误区五：陷入"多方合作的误区"

有一些餐饮企业创始人为了获得最好的品牌服务，于是便与品牌塑造各个方面的顶尖服务商合作。比如在标识设计、IP 形象设计、视觉识别设计、空间设计方面都找领域内颇有成就的公司合作，然而当完成设计之后，他们总觉得哪里不对劲，分开看都没问题，可是一旦拼凑到一起，又不是自己想要的结果，于是感慨道："你们都那么牛，怎么就牛不到一块呢？"

其实做餐饮品牌设计是很忌讳这样东拼西凑的，每家设计公司都有自己擅长的一面，很多时候餐饮企业创始人把自己的想法传递给多家公司之后，每家公司的理解都是不一样的，呈现出来的作品风格也自然不同。最终导致餐饮企业创始人投入了大量时间和金钱却不能给品牌提供一套相得益彰的"衣服"。

误区六：陷入"朝令夕改的误区"

不谋全局者不足以谋一域，这不仅适用于品牌定位策略层面，同时也适用于品牌设计层面。视觉设计是品牌定位与品牌文化的具体表达，是需要一条线贯穿到底的战略行动。如果餐饮企业创始人在品牌设计的阶段总想尝试更多的风格，在设计过程中不断切换思路，可能会破坏最初的体系化方案。就算设计公司能力非凡，面对过于善变的甲方，往往也做不出好的作品来。比如西贝莜面村在 2015 年到 2017 年期间，做了一个叫"麦香村"的快餐品牌，并立志要开 10 万多家店。这个品牌历经磨难，创始团队付出了很大的心血，无数次地改变设计方案，最终还是在 2017 年底，放弃了最初的计划。其实西贝这个品牌本身做得非常好，尽管经历了四次品牌重塑和升级，但每次升级的间隔时间都比较长。对于麦香村这个快餐品牌,西贝的策略调整十分频繁,姑且不说在定位和菜品上的调整,单设计风格就不知道更改了多少次,店面颜色变来变去,令顾客眼花缭乱。最终不仅没有形成自己的品牌认知基因,反而向顾客传递了模糊和善变的品牌印象。虽然品牌设计不是导致西贝对麦香村按下暂停键的直接原因,但从设计层面来说,这种"朝令夕改"是十分不可取的。

误区七:陷入"设计先行的误区"

所谓"设计先行",指的是一个餐饮项目刚刚立项,就开始做标识、视觉识别等相关视觉设计。结果很多设计作品经不起推敲,没有灵魂支撑,最终往往白费功夫。

陷入这个误区的餐饮企业创始人非常多,其主要分为三种类型:第一种是"闷头干"类型的人,他们根本不知道餐饮品牌是需要定位的,所以在做品牌设计的时候,自然而然先做视觉设计了;第二种是"冲动"类型的人,他们把视觉设计看得非常重要,把一切问题都归结为设计问题,在遇到问题时最先想到的就是改变餐厅的视觉设计;第三种是"狭隘"类型的人,他们知道做餐饮品牌设计之前要先做品牌定位,但他们把品牌定位理解得过于狭隘,根本不重视品牌定位,也不愿意在品牌定位上多花钱,于是直接开始做视觉设计。

"定位在先,设计在后"是品牌塑造的基本原则。其实只要餐饮企业创始人理解了这个原则,就可以搞明白第七个误区,搞明白了第七个误区,其他六个误区将迎刃而解。

其次,我们在做品牌定位时就可以将所有品牌设计元素梳理和提炼出来。无论是品牌调研,还是品牌命名、品牌调性、品牌口号、品牌文案,都是品牌视觉设计的依据。品牌名称及品牌调性决定了视觉设计的方向和风格,品牌口号和品牌文案决定了视觉设计的画面表现。

餐饮品牌标识设计的符号化意义

餐饮品牌视觉设计的第一步是品牌标识设计，那么如何利用视觉设计更加精准高效地传递品牌价值？以下四个关键词十分重要：（1）符号化；（2）放大创意；（3）少就是多；（4）顾客认知。

符号化标识能够让品牌传播更加高效

进行餐饮品牌视觉设计不是为了好看，而是为了传播，传播的目的是为了让顾客认识品牌，而传播是否高效是衡量创意是否精准的标准。品牌标识是整个传播过程中非常重要的一个载体，就像耐克的对钩、阿迪达斯的三叶草、苹果公司那个被咬掉一口的苹果、西贝莜面村的爱心、海底捞的 Hi 一样。这些图形都来源于日常生活，但是经过艺术加工以后成了非常伟大的标识创意，如图 7-2 所示。

图 7-2　西贝、海底捞的标识

这些品牌的标识都是符号化意义很强的图形。耐克标识中的对钩很容易让人联想到 yes or no（对与错），还能联想到奔跑的轨迹；阿迪达斯的标识运用了我们都很熟悉的三道杠，爆发出了惊人的力量，这三道杠贯穿于它的鞋服包各个产品线，人们只要看到三道杠，就能联想到阿迪达斯；苹果的标识是被咬了一口的苹果，给人无限的想象空间，据说是为了纪念计算机之父和人工智能之父图灵；西贝莜面村标识中的那颗爱心同样是人尽皆知的符号；海底捞之前的标识很多人是没有印象的，大家都记不起来是什么，所以后来品牌升级之后，改成了一个具有符号化意义的"Hi"，这个符号开始和品牌名称产生了联系。在本书第四章中我阐述了"一条线贯穿品牌"的重要性，餐饮企业创始人可以通过寻找品牌节点之间的相同或相似部分，让这些节点发生关联。很显然海底捞这次标识升级关联了品牌名称，并且它的口号"一起嗨，海底捞"也关联了品牌名称。

无论是西贝还是海底捞，它们都是通过符号化标识让品牌迅速地被顾客认知到，从而解决了"看一百次记不住"的问题，符号化标识让品牌认知的形成更加快速、准确。设计者可能对一个标识有一百种自以为是的释义，如果消费者一种也联想不到，那这个标识的设计就是失败的。

好符号是从生活和品牌基因中获得的

餐饮品牌在设计符号化标识，并检验这个符号是不是好符号时，可以从两个维度出发，一个是这个符号是否来源于日常生活，是不是大多数人都认识或者见过的；另一个是这个符号是否和品牌本身发生关联。

前者可以让顾客产生"陌生的熟悉感"，从而解决符号传播和记忆的问题，后者则可以让品牌本身和符号发生关联。如图 7-3 所示，我们将生活符号和品牌基因结合起来便能够生成品牌符号。

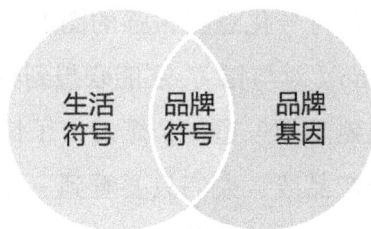

图 7-3　品牌符号的构成

无论是西贝莜面村的"爱心"，还是海底捞的"Hi"，抑或是云味馆米线的"云"字，都是品牌符号的经典案例。品牌标识是基于"少就是多"的应用思维，将生活符号和品牌基因融合后提炼出的具有一定辨识度的图形，是品牌视觉认知基因的重要组成部分。

那么品牌符号的提炼方法都有哪些？我们可以把符号分为四个大类别，即文字符号、数字符号、图形符号、生物符号。

（1）文字符号。文字符号是一切以文字为创作元素的符号设计，包含一切已知的语言文字。细分类别有中文字符、字母字符、象形文字及古文字等。文字符号来源于我们日常生活中的语言交流，是没有认知障碍的一种符号，如图 7-4 所示。

图 7-4　以文字作为标识符号的品牌示例

（2）数字符号。数字符号本是计量和计算单位，其实也算是文字符号的一种形式，其渗透在生活的方方面面，是世界性的通用符号，所以我将数字符号单独拿出来论述。因为数字是世界通用符号，它的传达效果是非常好的，几乎能够让人瞬间记住。从品牌认知和传播角度来说，如果要在品牌文案中出现数字，在不破坏文意的情况下，请尽量使用阿拉伯数字，因为其可识别性更高，如图 7-5 所示。

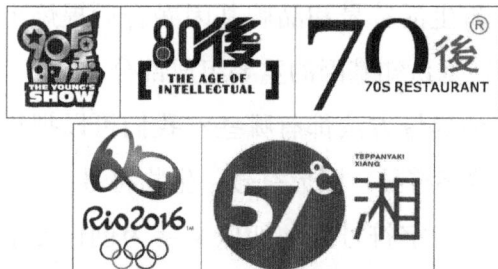

图 7-5　以阿拉伯数字作为标识符号的品牌示例

（3）图形符号。图形符号一般来源于生活中的无生命特征的物体，此类符号在日常生活中往往会有具体原型。它们往往和具体行业相关性比较强，比如几块石头可以代表矿山，桥梁符号可以代表大桥，一个水滴符号可以代表江河湖海等。图形符号应用非常广泛，因为有多少种事物，就可以设计出多少个图形符号，图 7-6 是一些图形符号的示例。

图 7-6　以图形作为标识符号的品牌示例

（4）生物符号。生物符号是指以一切具有生命特征的动植物为创作原型，从而设计出的象形符号。比如树叶、花瓣等植物，猫、狗、熊、鱼等动物，当然古往今来的任何人物也可以经过设计后成为符号，图 7-7 展示的就是以生物作为标识符号的品牌示例。

图 7-7　以生物作为标识符号的品牌示例

以上是我们在生活中最常见的四种品牌符号应用举例，这四种符号几乎囊括了标识符号的所有设计。但餐饮企业在进行具体设计时，还是要根据自身品牌的定位和调性来展开。我们可以借鉴这个公式来寻找设计灵感：生活符号＋品牌认知基因＝品牌符号。在整体创作上应遵循"大道至简、少就是多"的理念。

建立高效容易传播的 IP 形象，让餐厅自己会说话

随着社会的不断发展，根据马斯洛需求理论，人们不仅有生理需求、安全需求，还有社交需求，于是人们在创立品牌的时候，开始赋予品牌情感元素，希望品牌是有生命的，是有情感的，甚至是有性格的，而不仅仅是一个呆板的文字符号或者图形符号。所以在设计品牌标识的基础上，人们开始寻找更加具有表现力的图形来解决品牌在传播上的呆板问题。那么什么最能解决品牌呆板的问题，答案无疑是"品牌 IP 形象"。

什么是品牌 IP 形象？其实在设计行业一开始只有品牌形象载体一说，IP 是近几年流行起来的互联网热词。IP，即 Intellectual Property，直译是知识产权，它可以是一个故事，一种形象，一种流行文化，更多的是指适合二次或多次改编开发的影视文学、游戏动漫、卡通形象等。比如，大家熟悉的"葫芦娃""哪吒"都属于知名 IP 形象。

一开始品牌 IP 形象在快消品和互联网行业提及的比较多，比如，北京奥运会的吉祥物、天猫和京东的卡通猫和卡通狗、互联网坚果品牌三只松鼠的可爱的小松鼠。后来 IP 形象的打造慢慢地蔓延到了餐饮行业，比如饿了么外卖的蓝色小人、真功夫的功夫卡通形象等。这些形象不仅增加了品牌的认知度，更重要的是增加了品牌的趣味性，拉近了顾客和品牌的距离，同时成了免费的品牌"代言人"。

设计品牌 IP 形象的好处

在了解了品牌 IP 形象的创作来源、塑造方法、注意事项之后，我们还要明白 IP 形象真正能为品牌带来哪些好处？最早，品牌 IP 形象的出现是为了增加趣味性，拉近与顾客之间的关系，因此打造品牌 IP 形象的第一个好处是增加品牌亲和力。品牌在有了亲和力后就能够和目标顾客同频共振。

人们记忆图形比记住一段话要容易，因此拟人化的图形能够增加顾客记忆和认知，让顾客自发地产生具体的联想，从而记住某个品牌。所以打造品牌 IP 形象的第二个好处是降低营销成本。对餐饮企业来说，降低营销成本就等于增加了利润。

餐饮企业使用品牌 IP 形象的时间越久，就能积累越多的回头客，品牌 IP 形象便成了品牌资产的一部分，并且会不断累积，最终成为品牌不可或缺的一部分，这就是打造品牌 IP 形象的第三个好处，即形成品牌资产。

品牌 IP 形象经过沉淀之后，不仅可以形成品牌资产，而且还可以延伸出很多周边产品，如公仔、玩偶、礼品、动漫等。这就是打造品牌 IP 形象的第四个好处，即延伸出周边产品，增加品牌盈利点。如图 7-8 所示，Juicy bar 品牌根据其动漫形象做了大量的周边产品。

图 7-8 Juicy bar 品牌利用动漫形象做了大量的周边产品

设计品牌 IP 形象的几个方法

在餐饮行业，对于品牌 IP 形象运用得比较好的是麦当劳。麦当劳每年的玩具销售收入就有数十亿元，其也是国内最早嫁接动漫 IP 的餐饮品牌，比如愤怒的小鸟、小黄人等。但餐饮品牌除了和大 IP 跨界合作，还可以设计自己的品牌 IP 形象。那么该如何设计自己的品牌 IP 形象？

品牌 IP 形象不是随意设计的，比如麦当劳的小丑大叔，能够流行并且受到孩子们的欢迎，是因为小丑文化在美国深入人心；再比如熊猫快餐的熊猫形象，由于其深入人心，所以可以被快速识别和传播开来。因此餐饮品牌要想成功地设计自己的品牌 IP 形象，就要遵循一定的方法，在此我梳理总结了四大方法供读者参考。

方法一：在符合品牌调性的前提下，将动物拟人化。动物类卡通形象目前是被运用最多的，图 7-9 为三只松鼠的卡通松鼠形象。

图 7-9　三只松鼠的松鼠形象

方法二：在符合品牌调性的前提下，将人物卡通化。比如 72 街的孙大圣、江小白、王致和、老干妈等。图 7-10 为 72 街快餐发布的"孙大圣"形象。

图7-10　72街快餐的孙大圣形象

方法三：在符合品牌调性的前提下，将餐饮相关的器具或食材拟人化。锅碗瓢盆、土豆番茄、辣椒、包子等均可以进行拟人化创作，我们还可以为这些形象起一些有意思的名字，比如土豆君、番茄皇后、辣椒妹、包子娃娃……图7-11为吉五福包子的卡通形象。

图7-11　吉五福包子的卡通形象

　　方法四：通过对历史故事和典故的深入挖掘，找到符合自身品牌调性的形象。其甚至可以是某部家喻户晓的文学作品，比如《西游记》《三国演义》等。目前在餐饮行业，刘备、关羽、张飞和诸葛亮的形象被用得最多。比较典型的有摇滚三国麻辣烫、味蜀吾沸腾三国火锅、他二哥刀削面等，如图 7-12 所示。

图 7-12　以历史人物为设计原型的品牌 IP 形象示例

设计品牌 IP 形象的"三不准则"

　　品牌 IP 形象一般都被寄予了美好寓意，因此不是所有的创新设计都是好的，这些创新设计用得好能够为品牌加分，用得不好反而会损害品牌形象。餐饮企业在创作品牌 IP 形象时要坚持三不原则，即不恶搞、不低俗、不乱编。

这里的恶搞是指为了达到商业目的，对知名事物进行恶意改造和设计，从而损害了品牌美誉度；这里的低俗是指为了达到商业目的，以情色、暴力、低俗的语言及画面创作品牌 IP 形象；这里的乱编是指为了达到商业目的，以张冠李戴、照猫画虎、移花接木等方式扭曲事物本身的含义，创作子虚乌有、没有生命力的品牌 IP 形象。

"颜色入侵"，让你的餐饮品牌一下子跳出来

如果你经常留意身边的餐厅，会发现有一些餐饮品牌虽然没有什么设计，但是却很容易记住。它们大多有一个共性：利用大面积纯色块来装修餐厅，特别是门头和户外广告部分。

一般来说，用这种大面积纯色块装修的餐厅，生意都还不错。当然，不是所有的餐厅都适合这样设计，这种方法比较适合快餐、小吃以及部分快时尚餐饮。

如果把一条街道比作货架，餐厅就是货架上的"商品"。如果这些"商品"通体都是一种颜色，那么其很快就能够被顾客注意并识别。

早期在快消品行业使用大面积纯色块包装设计的品牌较多，比如王老吉的红，三精口服液的蓝。后来这种态势蔓延到餐饮行业，迅速在餐饮行业"燃"起了一片"熊熊烈火"。比如巴奴毛肚火锅的门头被称为"巴奴黄"，杨国福麻辣烫被称为"国福红"，莆田餐厅被称为"莆田蓝"，老乡鸡快餐被称为"老乡绿"，耀军烩面被称为"耀军紫"，好利来蛋糕店门头被称为"白头翁"，一笼小确幸被称为"确幸蓝"，桃园眷村被称为"土黑金"……

这些品牌的门店颜色设计均使用了一种广告传播思维即"颜色入侵"，事实上，这些餐饮品牌中的大多数并不是一开始就大面积地用同一

种颜色来表达和展现的。根据"少就是多"的理论，颜色越少越容易占领顾客认知，从而形成独特的品牌视觉基因。

"颜色革命"是一场无休止的轮回

如果你善于观察，会发现街边店和商场店每过两三年就会换一种流行色。如果我们把时间跨度放宽到几十年甚至上百年，就会发现颜色的流行趋势也是有周期的。比如，民国时期的很多店铺的招牌设计是黑招牌金色字，过了百年之后，现在的桃园眷村的门头和麦当劳的门头也是黑招牌金色字。

麦当劳和肯德基开在中国的这几十年，引领了一波"番茄炒蛋色"（红配黄）的风潮。为什么到今天依然有餐厅乐此不疲地使用番茄炒蛋色？因为人们经过测试后发现，红色光和黄色光的穿透力较强，可识别性较好，更容易吸引顾客的注意力。

但时间久了，顾客看腻了番茄炒蛋色，于是市场上刮起了一波"暗黑"风潮。黑色风潮最早起源于日本，以日式居酒屋、拉面馆、日料店为主。这股风潮刮到中国后最先影响的是休闲餐厅。味千拉面是国内较早使用黑色设计的餐厅，大红大黑的搭配让人印象深刻。

之后很多品牌想跳出来，于是大胆启用新颜色，比如吉野家的白色风、一笼小确幸的清新蓝、喜茶的粉色店等。为了在一堆颜色同质化的餐厅中跳出来，为了形成差异化，为了被顾客快速识别，餐厅的颜色开始多样化。

在餐饮行业，流行色的变化是我们一直要面对的挑战。品牌方要考虑如何顺应流行色变革浪潮，是做引领者还是跟随者，这值得每个餐饮人深思。

好广告和差广告只差一个顾客视角

餐饮品牌也需要打广告吗？答案是肯定的，当一个品牌做到一定规模的时候，适当的广告投放是非常有必要的。然而打广告是有技巧的，品牌方首先要确定自己是打促销型广告还是打引流型广告，抑或是打增加知名度或美誉度的广告。投放目的不一样，所需要的广告内容就不一样。

在此我们分析几个广告做得比较好的餐饮企业案例，希望能够对餐饮人有所启发。

巴奴毛肚火锅的广告：视觉色块＋品牌文案＋招牌菜

如果你住在郑州或者去郑州出差，一般在机场、高铁站甚至地铁入口都可以看到标准的"巴奴黄"广告。巴奴在其门店周围也设置了大量的"巴奴黄"广告牌，如图 7-13 所示。

图 7-13　巴奴的广告无处不在

巴奴的广告以极具"入侵性"的黄色为主色，配上极度聚焦的广告词"服务不是巴奴的特色，毛肚和菌汤才是"，再加上招牌菜"毛肚"的"入镜"，极大地增加了说服力及传播力。随着巴奴知名度的提升，其广告词也在发生着变化，出现了"更火的火锅，排队的人更多，精选更好的食材""深入原产地，精选好食材"，以及"越懂火锅，越懂毛肚"等新的广告词。

老乡鸡的广告：视觉色块＋"老大"思维＋数字文案

我们在 2013 年的时候服务过一家安徽的企业，深入地了解了老乡鸡这个快餐"黑马"。我和团队成员分别考察了老乡鸡在合肥、宿州、芜湖、淮北、阜阳等地的门店。我们发现老乡鸡每到一个城市，都会采用蜂巢式扩张策略，同时还会花大价钱打户外广告，特别是公交站牌广告，其广告画面如图 7-14 所示。

图 7-14　老乡鸡公交站牌广告画面

我记得很清楚，那一年老乡鸡的广告词是"2013 年，超过 3500 万人次到老乡鸡用餐"，门头广告则是"安徽最大连锁快餐"。从 2013 年到现在，老乡鸡快速发展，已开设 400 多家直营店。其广告词一直在变化，但不变的是老乡鸡的"老乡绿门头"。

老乡鸡的广告以绿色为主，文案宣传上则一直在强调自己的"江湖地位"，用具体数据来表达自己的实力。其目的主要是在顾客心智中建立和强化自己的"老大"地位，增加品牌价值。这种策略一般比较适合拥有一定市场规模的餐饮企业。

西贝莜面村的广告：视觉色块＋超级符号＋超级口号

西贝莜面村的广告非常简单直白，简单到只有品牌标识和品牌口号。西贝的高明之处是把招牌和指引牌也当成了广告去设计。用华与华创始人华杉老师的话说："不用问路，看着招牌就能找到西贝。"西贝的广告在商场里确实是一道亮丽的风景，如图 7-15 所示。

西贝莜面村的广告牌能够让顾客直接地感受到西贝的热情。红色大色块和白色字的冲击力非常强。

概括来说，无论是巴奴毛肚火锅、老乡鸡还是西贝莜面村的广告，都在用最通俗的话语来表达自己的品牌诉求。

虽有的侧重菜品特色，有的侧重品牌影响力，但它们都遵循了三个原则：（1）大面积地使用自己的品牌色；（2）采用大字报形式，直接诉说自己的特色；（3）突出爆款菜。

这三个原则有一个共同落脚点，即站在顾客视角表达自己的品牌。好的广告其实并不复杂，只要站在顾客视角清晰地表达出品牌的特色，就是成功的广告。

图 7-15　西贝莜面村醒目的广告招牌

餐饮视觉广告的内容要大于形式

因为餐厅的服务半径有限，所以广告的打法也不一样，视觉广告的形式也有多种组合。常见的餐饮品牌视觉广告主要有门头招牌广告、菜品宣传海报、桌贴广告、菜单广告、墙面广告、户外广告、DM 单广告、异业联盟广告、视频广告等，而根据重要程度，有五种广告最应该被重视起来，分别是门头广告、菜单广告、墙面广告、户外广告、视频广告。

以上五种广告形式都要遵循一定的设计规则，才能达到传播的效果，否则很可能事倍功半。下面我们分别就这五种形式的广告进行分析和说明。

一、门头也是广告，却经常被餐饮人忽视

很多餐饮人在设计装修门头的时候，只是简单地将餐厅名字放上去，然后用各种材质或者灯光加以装饰，希望提升门头的"档次"，结果门头看上去很"酷炫"，但是并没有突出品牌的重点。

如果餐饮企业创始人按照设计广告牌的思维去设计门头，就会少走很多弯路。这时候门头不再是简单的"门头"，它将是传播和表达品牌核心价值的载体，是最直接、最有效的免费"广告牌"。遗憾的是很多餐饮人并没有意识到这一点，而是一味地追求门头的"酷炫"，而忽略了这块"广告牌"的利用价值。前面列举的巴奴毛肚火锅、老乡鸡、西贝莜面村则深谙此道，它们真正地把门头做成了"广告牌"。

那么门头"广告牌"该如何利用呢？不同的门头结构，可以采用不同的广告设计策略，以下方法供各位餐饮人参考。

第一，如果门头比较小，能放的元素有限，则一般可以放上品牌名称、品牌标识、品类名称，让顾客快速了解餐厅的特色，如图 7-16 所示。

图 7-16 馍小贝的门头构成

第二，如果门头比较宽，除了品牌名称、品牌标识和品类名称，我们还可以将品牌口号放上，不仅让顾客知道餐厅的售卖品类，还可以知道品牌传递的价值主张。

第三，如果门头下方还有可以利用的墙面，除了上述元素外，我们还可以将品牌视觉主画面放上，有了视觉主画面，顾客能够更加直观地了解餐厅的菜品样式，如图 7-17 所示。

图 7-17 蔬妃的门头构成

二、菜单不仅仅是点菜工具，更是绝佳的广告展示平台

很多餐饮企业创始人仅仅把餐厅的菜单当成点餐工具，这其实是大错特错的。好的菜单应该站在顾客视角，达到不用服务员介绍，就能让顾客清晰明了地知道一家餐厅的主营菜品和对应菜品的特色。比如巴奴毛肚火锅的菜单就遵循了广告展示的原则，尽管其菜单只有一张小小的A4纸大小，却用广告思维把品牌特色表达得淋漓尽致，如图 7-18 所示。

图 7-18　巴奴毛肚火锅北京店的菜单

　　巴奴北京店的菜单将其"镇店之宝"——毛肚和菌汤放在了中间的显眼位置，并且还配有相关文案备注了菜品的吃法和工艺卖点，可以说不放过任何一个宣传品牌的机会。除此之外，巴奴还精心研发了"十二大护法"菜品，每一道菜品也都有对应的文案介绍产品卖点，可谓十分用心。其还有定期更新的新菜品，杜绝一成不变。同时，其还列举了2018年口碑菜品，为顾客提供了更多选择；另外，"2018口碑菜品"的言外之意是这些菜经过大众检验，是值得尝试的，这能够缩短顾客点菜的时间，从而提升效率。

　　除了巴奴毛肚火锅，还有很多餐饮品牌也开始重视菜单的广告效应，比如阿五黄河大鲤鱼、旺顺阁鱼头泡饼、苏小柳、西贝莜面村等。

三、墙壁不仅是墙壁，而是广告与艺术的结合体

　　餐厅墙壁也是一个有效的广告传播载体。比如餐饮品牌桃园眷村的墙壁既没有使用造价高昂的材料，也没有使用太多华而不实的装饰，而是将墙壁刷黑，然后用艺术手法把自己的菜品特色绘制上去，不仅看上去文艺，还能起到介绍菜品的作用。图7-19展示了桃源眷村的文化墙。

图 7-19　桃源眷村的文化墙

此外，谷鹏麻鸭面的墙壁上有"酷爽辣鸭"四个大字，每个字都包含各种食材和特色建筑元素。除此之外，它还有一面文化墙上写有"一碗麻鸭面的自我修养"，通过对麻鸭面的诞生过程进行图文宣传，增强顾客对其爆款菜的了解和信任，如图7-20、图7-21所示。

图7-20　谷鹏麻鸭面用"酷爽辣鸭"四个字装饰文化墙

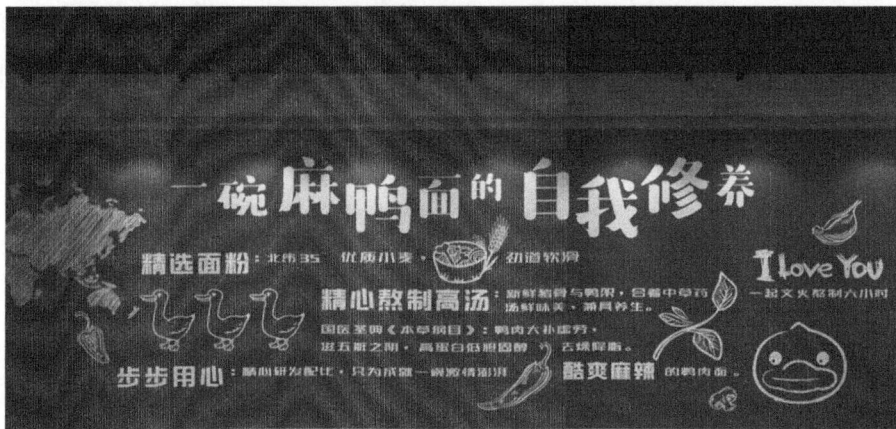

图7-21　谷鹏麻鸭面将"麻鸭面"工艺说明做成文化墙

四、增加趣味性，让户外餐饮广告不再呆板

当大品牌的餐饮企业越来越多的时候，户外餐饮广告的投放将成为流行趋势。如何设计和投放这些广告，值得各个餐饮品牌深思。在泛娱

乐时代，生硬的广告画面配上中规中矩的内容显然已经不能引起消费者的关注了。我们在为新疆一家火锅企业打造电梯广告的时候，就突破了传统广告的枷锁，将广告内容设计得非常有趣。除了体现诱人的菜品，还融入了一些有意思的广告文案，比如"说好的一起走天涯，走着走着就散了""哥虽然从来不是吃素的，但这次例外""七上八下涮辣汤，给个神仙也不当""侠之大者，为锅为民""比起天荒地老，不如一起吃好"等，如图 7-22 所示。

图 7-22　电梯广告示例

五、做餐饮视频广告，不要一味追求情怀

我们曾经遇到过一些餐饮企业，花了不少钱打造的宣传片，却形同虚设。很多宣传片一味地追求情怀，而忽略了顾客比较关注的"好食材、好菜品"等核心诉求。其实，视频广告做得好的餐饮品牌也不少，比如

西贝的莜面广告、沙棘汁广告，麦当劳的汉堡广告等。

　　我们将国内外做得比较好的餐饮视频广告做了对比和分析，发现了四个共同点：（1）体现好食材和原产地；（2）突出烹制食物的特写镜头；（3）展示品牌的核心口号；（4）重点介绍核心爆款菜。一般来说，能够满足这四个要求的视频广告就算是成功的广告了。

第八章

菜品塑造篇：
一切围绕顾客需求展开

在经典的 4P 营销理论中，Product（产品）是最基础也是最重要的营销要素。对于产品的营销，应注重开发其功能，挖掘产品独特的卖点，将产品的功能诉求放在第一位。其实 4P 营销理论也同样适用于餐饮行业，本章将对餐饮行业的产品即菜品进行剖析和研究，从而总结出一套适用于餐饮行业菜品塑造的方法和实用工具。

菜品规划的七大误区

凡事不谋则不成，菜品是需要规划的，并且是一门不小的学问。对餐饮企业来说，如果菜品规划得好，能够直接提升盈利能力；如果规划得不好，不仅会降低顾客点餐效率，还会对整个运行机制造成无法弥补的损害。

那么菜品规划都有哪些误区？我们该如何跳出这些陷阱？

误区一：品类不清晰

很多餐饮人经常会有这样的烦恼：为什么我和别人家的菜品差不多，味道差不多，可是顾客依然选择别人家的餐厅？

有这样的烦恼，说明这些餐饮人并没有看清问题的本质，而是用"差不多"的表层逻辑来看待问题，这当然不会有什么收获。在与他们深入交流后我们发现，他们所说的"差不多"，其实是差了很多，我们举例予以说明。

甲餐厅名字叫"×× 美食"，乙餐厅名字叫"×× 私厨小炒肉"；甲餐厅没有关于菜品的任何介绍，而乙餐厅里有关于私厨小炒肉的故事和介绍，并且承诺其所用的猪肉来自某个山区养的土猪。

乙餐厅的老板或许并不懂得品牌策略和菜品塑造策略，但是他至少做对了一件事：那就是敢于突出自己的品类，并且为自己的品类塑造了故事，还做了信任背书。

通过对比我们发现，品类不清晰的餐厅就如同蒙着眼走路的人，自己不知道路在哪里，只能靠运气、直觉以及别人来指路。但是世界上根本没有现成的路可以走，餐饮人不如自己修一条品类塑造之路，其成功的概率就会大幅提升。

误区二：在菜品上贪多求全

随着餐饮品类的不断细分，我以为不会再有餐饮人陷入对菜品"贪多求全"的误区中，但事实上陷入"贪多求全"误区的人并没有减少。

因为餐饮行业的大热，涌入这个行业的新餐饮人络绎不绝，他们没有做好充足的准备，盲目地创业开店，导致失败率居高不下，据数据研究机构统计：餐饮行业创业失败率高达 80%。

那些陷入失败泥沼的餐饮企业创业者们，甚至还没学会如何塑造菜品，就已经倒下了。他们大多数人没有餐饮运营经验，认为餐厅就是个吃饭的地方，菜品一定要面向大众群体，因此在菜品制定上往往没有主次之分，川湘粤鲁各个菜系的菜都要兼顾，最终因为后厨运营效率上不去被迫关门。

误区三：什么群体都要兼顾

有一部分餐饮人认为自己的餐厅能够兼顾一切消费者，总希望靠着丰富的菜品吸引各个年龄段的顾客，这是陷入"全面兼顾"误区的典型。全面兼顾往往非常考验餐厅的运营能力，一旦运营能力跟不上，就可能陷入"全面沦陷"的境地。

餐厅虽然是提供就餐服务的地方，但这并不代表每一个人都有可能去你家餐厅吃饭。在竞争分化的时代，每个餐饮企业都有属于自己的"一亩三分地"，找到自己这块地，用心耕耘，用心打理，总会有牛儿来吃草的。

因此，菜品规划要有针对性，不能做贪大求全的满汉全席，更不要意图讨好所有群体。品牌塑造是一个环环相扣的九连环，定位不准、品类不清、经营方向不明确都可能让餐饮人的心血付诸东流，所以菜品的确定也要根据品牌的定位来展开。

误区四：一切听大厨

很多餐饮企业创始人一切按照大厨的个人喜好来制定菜单，这是我们遇到的最无奈的事情。很多餐饮企业创始人因为自己不懂得如何炒菜，不懂得如何规划菜品体系，往往会陷入"一切听大厨"的误区中。然而专业化的菜品塑造和会炒菜是两码事，很多大厨炒菜很好吃，但没有系统性、专业性的菜品塑造技巧，不能给餐厅提供策略性意见。

我们就曾遇到过不少这样的例子。有个餐饮朋友本来开了一家人均消费70元的餐厅，结果后来遇到一位广东大厨，这位大厨不考虑店面周围的消费群体，也不考虑餐厅调性，强行把粤菜和东北铁锅炖鱼结合起来。这位大厨为何要这样做？因为他是一个在粤菜行业磨炼多年的东北人。这种风马牛不相及的神奇组合，并没有让这家餐厅生意兴隆，反而使其在竞争激烈的餐饮市场中快速调零。

误区五：一切看创始人喜好

和"一切听大厨"相比，陷入个人喜好误区的餐饮企业创始人也不少，这类餐饮企业创始人经常会情不自禁地说："我觉得好吃的菜顾客一定也觉得好吃，我喜欢的菜肯定能火爆，我老家运过来的食材那么新鲜一定会受到顾客欢迎，我家餐厅的菜是这条街上最好吃的菜……"

做餐饮需要自信，但绝不是盲目自信。我们曾经遇到不少餐饮企业创始人因为店面生意不好前来咨询，当问他："顾客是否喜欢你家的菜？"他们立马回答："顾客吃了都说好，菜品绝对没有任何问题。"他们把生意不好的原因归结为营销没做好，无论如何他们都不愿意承认隔壁餐厅菜品更胜一筹的事实。

这种固化的思维阻碍他们做出改变，久而久之将会让厨师团队丧失创造力，一切唯创始人喜好为最高指令，餐厅最终将成为创始人的"美食实验室"。

误区六：一味地跟风流行菜

流行性菜品是餐饮行业跟风的重灾区，很多菜品都如一阵风，并不能长久流行。跟风行为本身没有什么错，很多好的餐饮品牌的菜品都是在模仿中不断创新的，然而一味地闷头跟风则可能把自己逼向深渊。

菜品的发展有四个阶段，即初现期、爆发期、洗牌期、稳定期。比如说黄焖鸡，杨铭宇黄焖鸡一开始只是在济南地区颇受欢迎，后来因为操作简单、价格实惠、顾客群体广泛而迅速爆红。2015—2016 年黄焖鸡"席卷"大江南北，大有和兰州拉面、沙县小吃一决高下的趋势。即便如此火爆的单品，依然难逃洗牌期，黄焖鸡米饭在流行了两年后，出现了停滞，被市场重新洗牌，大量的黄焖鸡米饭餐厅消失了。

误区七：一味地坚守正宗

关于"正宗"一词，我是这样理解的：长此以来，某一地区的特定人群对某一口味的味觉和精神上的依赖。

正因为某一地区、某个人群对某一口味的依赖，才会出现"口味正宗"这个词。然而做品牌和简单的开几家店完全不一样，有些餐饮人为了坚守正宗而不愿意改变菜品，甚至到了新的区域还不做味道改良，结果很多顾客并不买账。

因此菜品的塑造要因地制宜，因人而变。正宗是狭义的，坚守正宗并不是品牌的卖点。

菜品规划宗旨：一切以满足顾客需求为标准

很多餐厅基本上是厨师会做什么菜就上什么菜，完全不顾这些菜品的风格是否和自身特色相违背，而且很多餐饮企业创始人还不能及时察觉到这些错误。

关于菜品规划，抛开餐饮企业创始人的固有思维不谈，我们应该客观地站在顾客视角来寻找问题的答案。为此我总结了八条建议供餐饮企业创始人参考。

建议一：菜单应层次分明

顾客更喜欢层次分明的菜单，他们大多有"选择恐惧症"，一旦看到密密麻麻的菜品就会陷入焦虑，从而犹豫不决，延长点餐时间，最终影响翻台率。因此设计一个条理清晰的菜单尤为重要，能够让顾客迅速知晓餐厅的菜品种类和特色，从而告别选择恐惧症。

建议二：突出重点菜品

让顾客快速地知晓餐厅的特色，避免在寻找菜品上浪费过长时间十分重要。餐饮企业创始人需要在菜单中突出重点，所谓重点就是重点菜、必吃菜、招牌菜。这些菜品应是经过大多数顾客认可的人气菜品，比如阿五的黄河大鲤鱼、巴奴的毛肚、真功夫的香汁排骨饭、吉野家的牛肉饭、和合谷的宫保鸡丁饭等。

建议三：菜品拍摄要足够"诱惑"

我们遇到过不少餐饮企业创始人，他们没有像样的产品图片，大多是从网上随便找一些凑合来用。他们这种对菜品拍摄不屑一顾的态度让我觉得十分可惜，明明优质的菜品图片可以让顾客垂涎三尺，却因为需要一点费用和精力，而忽视这种最直接、最有效的与顾客沟通的方式，可谓因小失大。

　　高质量的菜品视觉呈现，不仅能提升餐厅的格调，还能勾起顾客食欲促进销售，这是一笔以小博大的投入。比如海底捞底料包装上的菜品图就拍摄得非常诱人，间接提升了火锅底料的销量，如图 8-1 所示。

▲ 海底捞新版底料包装袋，让顾客仿佛隔着袋子都能闻到香味

图 8-1　海底捞底料包装展示

建议四：介绍菜品的卖点与吃法

　　除了层次分明、突出重点菜品、菜品图片好看之外，餐饮企业创始人还应在菜单上展示特色菜的卖点与吃法。菜品的卖点关乎顾客的利益，而菜品的吃法则告诉顾客如何享受美味，让顾客有一种时刻被照顾、被关注的感觉。比如，旺顺阁鱼头泡饼的菜单不仅讲述了为什么鱼头越大越好吃，还详细地讲述了鱼头泡饼的六步吃法，提升顾客的消费体验，如图 8-2 所示。

吃鱼划水（俗称鱼黑背）
鱼头中最嫩的部位
第01步

吃鱼唇
胶质含量最丰富
第02步

吃鱼眼
美食家最推荐的部位
第03步

吃鱼脑
富含脑黄金
第04步

吃鱼肉
高蛋白低脂肪
第05步

吃泡饼
把饼撕碎蘸着吃
第06步

图 8-2 旺顺阁鱼头泡饼的六步吃法

建议五：强调食材的健康与安全

我们曾经做过很多次关于顾客满意度的市场调查，发现顾客就餐最关注的三个点是食材是否健康、原料是否放心、菜品味道好不好。食材的健康与安全甚至排在菜品味道之前。新时期的餐饮人应该围绕"食材好、食才好"的宗旨来制作美食。在菜品名称或者图片旁边备注食材可靠性的相关文案，能够提升菜品的可信度。

建议六：强调菜品的销量

消费者在购买商品的时候，会本能地关注产品的销量或者是否有名人为其背书。其实顾客在餐厅选择吃某个菜也会有这样的潜意识，只不过这种潜意识需要品牌方自己去引导。比如，用"创办以来畅销 500 万份的特色菜""京城十大必点菜""大众点评必吃榜菜品"等来加以引导。

建议七：为重要菜品营造仪式感

仪式感，我们并不陌生。从古至今，仪式感一直在影响着我们生活的方方面面。在餐饮行业，仪式感主要体现在服务、话术、菜品呈现上，核心是菜品呈现。为了让餐厅的一道主打菜充满仪式感，我们可以从食材选取、菜品烹饪、上桌形式、装盘形式、介绍菜品的话术、菜品的寓意等多个方面营造仪式感。比如，巴奴的毛肚，从采购到发制，再到店内独立的毛肚明档，以及上桌后服务员介绍的"七上八下涮辣汤，前后15秒"等都充满了仪式感，这些看上去没有什么实质意义的形式会提升顾客的就餐体验，提升餐饮企业的品牌形象。

建议八：保持菜品的品质稳定

保持菜品的品质稳定是一个餐饮企业能够长期存活于市场的基础。无论菜品如何宣传、如何包装，其最终都要接受顾客对品质的评判。

菜品架构做得好，企业利润少不了

很多街边小吃店或者大众美食店的菜单基本上是没有章法的，菜品凌乱而繁多。这样的门店往往做的是薄利多销的买卖，出品质量也是良莠不齐，几乎很难成为品牌店。

但有一些餐饮品牌的菜品则规划得非常清晰。"招牌菜、必点菜、十二大护法菜"等展现得非常有条理，这样的菜品架构就是经过规划的。

那么菜品架构该如何规划才能提升利润？

要想搞明白这个问题，我们首先应了解影响餐厅利润增长的因素都有哪些。这些因素主要包括：（1）降低成本；（2）提高翻台率；（3）增加引流；（4）提高运作效率；（5）精简菜品，向核心菜品要利润；（6）降低后厨运营成本。

那么，菜品架构的规划该围绕什么原则展开？

巧用"金字塔式规划法"，让菜品主次分明

一家餐厅不可能主打所有菜品，也不可能将所有菜品定为同一个价格，而是要根据品牌及品类定位，划分出高端形象菜品、盈利型菜品、辅助型菜品、走量型菜品四个等级，这四个等级从上到下形成一个"金字塔"，这就是金字塔模型在菜品规划中的应用。

高端形象菜品是提升餐厅形象和档次的菜品，一般价格略高但类别稀少；盈利型菜品一般是餐厅的爆款菜，在波士顿矩阵中也叫明星产品，它是指处于高增长率、高市场占有率象限内的产品，这类产品可能发展成为企业的现金牛产品，需要加大投资以支持其发展；辅助型菜品一般是围绕盈利型菜品来开发的产品，可以和爆款菜形成一个产品矩阵；走量型菜品则是指完全走销量的菜品，这些菜品所占的比重非常小，利润也比较少，但基本上会成为桌桌必点的菜品，比如外婆家3元一份的麻婆豆腐。

接下来我将对这四种类型的菜品一一进行说明。

（1）高端形象菜品是提升餐厅档次的镇店之宝

一家餐厅需要高端形象菜来提升格调。一般经营状况良好的餐厅，都会有属于自己的高端形象菜。比如，巴奴毛肚火锅有盈利性很强的木瓜嫩毛肚，也就是巴奴的招牌毛肚，但除此之外还推出了一款新西兰毛肚，价格更高，码盘形式也做了创新。还有方中山胡辣汤除了十元左右的胡辣汤外，还推出了定价几十元甚至上百元的顶级至尊胡辣汤，方中山胡辣汤虽然是小吃快餐店，但是消费群体却呈现多元化态势，因此在菜品架构设计上特意推出高端形象菜来展示品牌实力，同时形成传播话题。

（2）打造明星菜品，让其成为无可撼动的盈利型菜品

盈利型菜品是指利润可观、销量可观且长期稳定的菜品。我们研究了很多餐饮品牌，发现几乎每家生意不错的餐厅，都会有一两道出名的招牌菜即"明星菜品"。餐厅的明星菜品不仅"出镜率"极高，而且利润可观。比如在旺顺阁，鱼头泡饼这道菜的销量占据整体营业额的50%，这就是明星菜品的力量。同样，阿五的黄河大鲤鱼、真功夫的排骨饭、吉野家的牛肉饭、永和大王的卤肉饭、杨记兴的臭鳜鱼等，这些明星菜品为餐厅贡献了巨大的利润，也在不断地凸显着品牌的特色。

（3）辅助型菜品与盈利型菜品形成产品矩阵

辅助型菜品顾名思义起到的是辅助作用，一般包含6~12道菜品，犹如武侠小说中"总舵主"（这里指盈利型菜品）身边的八大金刚、六大护法。

盈利型菜品与辅助型菜品一般会占据一家餐厅60%~80%的营业额。比如旺顺阁除了鱼头泡饼，还有十道辅助型菜品；巴奴除了毛肚还有"十二大护法"菜品。这些菜品和爆款菜品一起形成一个强有力的核心菜品圈层。辅助型菜品除了具有辅助作用外，还有一个职能是作为"替补队员"在爆款菜品遭遇危机的时候，能够经过重塑后承担起提升餐厅营业额的重任。比如巴奴毛肚火锅就启动了"双种子"战略，在爆款菜品毛肚的基础上延伸出新西兰毛肚，从而加强毛肚这个大品类的核心地位。

（4）走量型菜品，让顾客觉得物超所值的菜品

走量型菜品是薄利多销的菜品，在一家餐厅里销量很大，价格低廉，利润占比并不是特别高，同时种类也非常少，一般都控制在两道以内。走量型菜品连同其他不重要的菜品一起位于金字塔底端。这类菜品其实在很多餐厅都有，比较典型的是外婆家3元钱一份的麻婆豆腐。麻婆豆腐对外婆家来说肩负着引流的作用，曾一度成为顾客争相谈论的超级话题，

为外婆家节约了大量的营销成本。除此之外还有西贝的黄馍馍，5元钱一个的黄馍馍价格低廉，但非常好吃，深受顾客们喜爱，据说其每年销售额过亿元。

为什么改个菜品名称，就能提升销量和利润

同样一道菜，为什么改个名字就可以卖出去更多份，还能以更高的价格卖出去？

很多人不相信，但这确实是正在发生着的事情。西贝莜面村的菜单上有一道菜，标价59元，其实就是豆腐，但依然有很多顾客点，这道菜的名字比较长，叫"8小时浓鸡汤煮榆林豆腐"。这道菜本质是豆腐，但是却加了好几个定语，我们可以通过名字获得三层信息：（1）这是鸡汤煮的豆腐；（2）这是由熬了8个小时的浓鸡汤煮的豆腐；（3）这是由熬了8个小时的浓鸡汤煮的榆林豆腐。"8小时"是一个时间定语，意在说明做这道菜是下了功夫的，这一点是可以成为加分、加价的理由的；"浓鸡汤"大补，说明菜的营养价值高，依然可以成为加价的理由；榆林豆腐是陕西榆林经典的传统小吃，是榆林的第一名菜。这道菜被不断包装后，最终建立了"我不是平凡的豆腐，我是由熬了8个小时的浓鸡汤煮出来的榆林豆腐"的顾客认知，能够让顾客觉得不一样，这就达到目的了。

据说西贝没升级之前这道菜叫石磨豆腐。我们把"石磨豆腐"和"8小时浓鸡汤煮榆林豆腐"放在一起对比，便高下立见了。西贝的菜单上不仅这道菜经过重新命名后达到了化腐朽为神奇的目的，还有几道菜的名字也不错，比如冷榨胡麻油调黄瓜、自制黄豆芽拌粉条、张爷爷手工空心挂面、熬足8小时牛肉汤泡馍、吕梁山野生沙棘汁等。

那么，餐饮企业创始人该如何为自己餐厅的菜品起名字呢？我总结

了四个小方法，餐饮企业创始人可以根据具体菜品来灵活使用。

方法一：巧用形容词，让菜品名称更诱人

好的菜品名称不应该是冰冷的，它应该是有生命力的，应该能够刺激顾客的感觉器官。

我们在为菜品命名的时候，可以通过在菜名前面添加形容词的方式改变菜品名称的寓意，从而和顾客产生信息交换。比如"鸭脖"，我们可以在其前面添加"辣"这个形容词，还可以继续添加"酷爽"这个形容词，变为"酷爽辣鸭脖"。这会让顾客听到或看到菜品名称就会产生食用欲望，如果再配上火辣辣的菜品图片，效果会更好。除此之外还有很多类似的菜品名称，如"爽脆小木耳""辣炒小海鲜""香辣手撕鸡""激情椒麻鱼""翡翠白玉汤"等。

方法二：加入菜品制作工艺，让顾客有代入感

在本书的第六章中我曾介绍过如何利用细节的描述吸引顾客的注意力。在菜品的命名上想先声夺人，也需要很好地描述细节。西贝"那块平凡的豆腐"，通过"8小时浓汤煮"的细节描述，映射到顾客脑海中形成了这样的画面："热气腾腾而又香飘四溢的鸡汤正在煮着榆林豆腐。"巴奴毛肚火锅发布过一个新菜品"豆芽"，菜品很稀松平常，但取名"井水黄豆芽"，身价立马翻一番，其文案描述道："由350米深的天然优质地下水进行浇灌的井水黄豆芽，吸收天地灵气，自然生长足足7天，每隔4小时感受1次井水滋养，全程水培健康生长，不添加任何化学添加剂。"当顾客看到或者听到这样的描述时，头脑中立马会浮现出这盘豆芽生长的场景，从而提升了消费欲望。

老汤、石磨、小火慢炖、瓦罐煨、清蒸、爆炒、煸、炸……任何一种工艺都可以通过细节性的描绘和加工，为菜品增光添彩，提高"身价"。

方法三：加入有名气的地名，让顾客身临其境

比如火锅，顾客吃的比较多的涮菜是牛羊肉。如果某家餐厅的菜单上写的仅仅是"牛肉、羊肉"这样的字眼，这基本上不算是菜品名称，顶多算肉类名称。如果它将原产地加到菜品名称中，就会变得更加诱人，比如科尔沁草原半岁羔羊肉、宁夏盐池滩羔羊肉等。

方法四：加入人名，提升菜品知名度

有很多与名人相关的菜品，比如3小时慢火焖东坡肘子、夏尔的酸奶、贵妃鸡、李鸿章大杂烩、西施豆腐、左宗棠鸡等，这些菜品的名称会让人不自觉地产生探究兴趣。如果再辅之以故事文案，则更会让顾客印象深刻。

第九章

品牌升级篇：升级不是取悦自己，而是要更接近顾客

万物周而复始，变化无穷。餐饮品牌就像"商品"，其需要迭代和进化，需要不断升级，从而来强化在顾客心智中的认知和存在感。

如何正确地做餐饮品牌升级

品牌升级已经成为很多餐饮企业必做的功课。以前酒香不怕巷子深，而在互联网时代，没人敢再说这样的话。新时代，餐饮行业新品牌层出不穷，新兴餐饮品牌快速吸引了大多数消费者的目光，倒逼传统餐饮品牌纷纷走上升级之路。

餐饮品牌迭代和升级是必然趋势，但如果餐饮企业创始人不能搞清楚品牌升级的意义，即使做再多次的升级都是徒劳。有些品牌往往越做升级品牌认知越模糊，不仅顾客的认知变弱，甚至连品牌方自己都会越来越不认识自己。

为什么会出现品牌越升级效果越差的情况？因为很多餐饮企业没有透彻地理解品牌升级的目的及意义。

品牌升级不是取悦自己，而是要更加接近顾客

太多餐饮创业者、跨界餐饮人乃至干了十年二十年的老餐饮人，在提到品牌升级时，以自我为中心："我要做成什么什么样，打造成中国独一无二的品牌……"对于这样的想法，我们每次都要苦口婆心地劝解，希望他们可以站在顾客视角来考虑问题。

餐饮品牌面对的是一个不断变化的群体，他们不会关注你喜欢什么，只关注你的东西他们是否喜欢。

以自我为中心做品牌升级的例子层出不穷。我们曾经服务过一家老字号水饺连锁企业，原品牌直接对外宣称自己是"天下第一"，后来在品

牌升级过程中，创始人依然要用"饺子专家"四个字作为标签，后经我们多次解释利弊，最终放弃了自封的"天下第一"和"专家"称号。是否为饺子专家，我们自己说了不算，顾客说了才算。

品牌的每一次升级，都是在设法更加接近顾客，目的是让自己建立起来的品牌能够成为顾客心智中的优质资源。

品牌升级的两大作用：抵御品牌老化、优化品牌认知基因

要想合理、有效地为品牌做升级，我们就需要先了解品牌升级的作用是什么。品牌升级主要有两大作用：（1）抵御品牌老化；（2）修正并优化品牌认知基因。

关于"抵御品牌老化"，这是很多餐饮人都明白的事情，也是很多餐饮品牌不断升级的原因。因为品牌如人，随着时间的推移自然会"老化"，同时顾客也是喜新厌旧的，所以定期升级品牌十分有必要。

而关于"修正并优化品牌认知基因"，这是很多餐饮企业没有搞清楚的事情，也是品牌升级的重中之重。品牌是由人去经营并传播的，在餐饮企业，每当有新的管理者加入，为了让企业焕然一新，他们会"改弦更张"，也就是进行品牌升级，有时候他们未能真正领悟品牌的核心价值，可能会走入品牌升级的岔路。

面对这种现象，企业该如何修正并优化品牌的基因呢？

第一，重新梳理品牌定位，剔除背离顾客认知的诉求

当品牌升级进入岔路或者面临失败时，品牌方不要将之前的理念全部推翻，而应该重新梳理品牌定位，看看哪些诉求是背离顾客心智的，哪些是顺应顾客心智的。

另外品牌升级不是单纯地升级视觉形象，而是系统化地升级整个品牌体系，从而通过升级在顾客心智中建立新的认知，让品牌成为顾客心

智中的优质资源。

在此举一个品牌升级的案例。餐饮行业有一个知名水饺品牌，叫大娘水饺。从1996年起，大娘水饺连续开设了400多家连锁店。随着品牌的不断发展，大娘水饺前前后后做了三次迭代和升级。其在第一次升级时将憨厚的吴大娘作为品牌形象，顾客还是比较喜欢的。其第二次升级以一个女性背影为标识形象，这个女性的身材凹凸有致、穿着旗袍、手拿篮子，很像民国时期的江南女子。很多顾客的认知是大娘变少女了、变妩媚了、没有亲和力了。

六年后的2018年5月，大娘水饺再次升级，与第二次升级相比其标识形象变化不大，改为一个正脸的女性形象，整体轮廓造型沿用了之前的形象，如图9-1所示。

图 9-1　大娘水饺 2018 年第三次升级后的标识形象

这次升级比第二次升级要好很多，其标识形象至少是一个清晰的人物造型，但是不少顾客认为还是有点偏离最初吴大娘的形象，无论品牌如何迭代进化，顾客认知中的品牌形象是很难改变的。

第二，罗列品牌重要资产，建立品牌基因图谱

在进行品牌升级之前，餐饮企业应该先把属于自己的品牌资产罗列出来。品牌资产主要分为两部分，一部分是看得见的有形资产，另一部分是看不见的无形资产。看得见的有形资产主要有品牌名称、品牌标志、品牌辅助图形、品牌 IP 形象、品牌口号、产品等；看不见的无形资产主要包含品牌的调性、品牌文化故事、品牌知名度、品牌美誉度、品牌影响力等。

在实际应用中，餐饮企业是需要将品牌的有形资产和无形资产关联起来的，比如需要让品牌名称、品牌标志、品牌口号、品牌 IP 形象和品牌调性、品牌文化产生关联，保持品牌传递信息的一致性。如果发现它们之间不能产生关联，说明有些品牌资产和品牌本身是脱节的，就需要将其剥离出去，重新修正和优化品牌基因。

第三，打造品牌记忆点，为视觉升级打下基础

梳理并罗列完品牌资产后，我们就要开始确定品牌文化理念，品牌文化理念主要包括企业愿景、使命、价值观、品类名称、品牌调性、品牌口号、品牌故事等内容。我们可以以此为根基来提炼品牌的记忆点，比如西贝莜面村提炼的品牌记忆点是"爱"，用"爱"去贯穿品牌文化和视觉设计，所以诞生了"I ♥ 莜"的符号。又比如全球较大的中式快餐熊猫快餐，也具有非常鲜明的中国烙印，其将熊猫作为品牌的记忆点，让熊猫元素贯穿品牌文化和视觉设计。

从品牌文化层面出发，打造一个可以贯穿整个品牌的记忆点，可以

帮助后面的视觉设计最大限度地表达出品牌的核心价值。

第四，视觉升级遵循大道至简的原则

大道至简，大美不言。我们能记住的更多的是那些简单凝练的符号。餐饮品牌的不断迭代和升级是大趋势，但在升级之前，餐饮品牌创始人一定要充分洞察市场，研究目标顾客，确定升级的具体方向，做到"谋定而后动"。

很久以前烧烤再升级，为什么改成卖羊肉串了

"从估值 6 万元到 6 亿元，微信公众号文章阅读量轻松达到 10 万 +，除夕夜办全体员工的'春晚'，首创并践行餐饮服务业的打赏模式……"这是很久以前烧烤之前的身份标签，而自 2017 年 4 月开始，很久以前烧烤突然升级更名为"很久以前羊肉串"，其便不再看中之前的辉煌业绩了。

很久以前烧烤的 10 年创业路，每一次升级都是自我革新

餐饮企业发展到一定阶段，都需要进行自我革新。很久以前为什么更名再出发？纵观很久以前烧烤近 10 年来的发展历程，我们发现它的每一次迭代和升级都是一次自我革新。

（1）从 6 万元到 6 亿元的升级蜕变

很久以前烧烤的创始人宋吉先生于 2008 年在北京郊区开了第一家烤串店，然后用了 6 年时间，从最初的 6 万元原始资金，发展到估值 6 亿元。这个数字非常鼓舞人心。

（2）视觉风格升级后，重装修的喜与忧

在升级之后，很久以前烧烤的设计风格独树一帜，进入餐厅如同穿

越到原始社会,如图 9-2 所示。很久以前烧烤的装修风格被很多烧烤同行争相模仿,然而这种装修风格模式过重,装修造价和施工成本非常高,施工时间也要很久,直接导致了投资回报率低下、投资回报周期加长。

图 9-2 很久以前烧烤的店面装修风格

(3)营销方式不断升级,品尝创新的甜头

宋吉先生是一个很有激情的"80后",在开店前做过服务员,做过 DJ(流行音乐节目主持人),算是从社会底层一步一步走向成功的。他带领很久以前烧烤做了很多尝试和创新。其首创了餐饮打赏模式,提升了服务员的积极性,让服务员通过自己的劳动而赚到更多钱。除此之外,它更多的创新体现在品牌营销和社群营销上。

很久以前烧烤将品类聚焦羊肉串有何玄机

2016 年 1 月,很久以前烧烤在北京双井新店进行了大胆创新,将沿用 8 年的木炭烧烤改成了电烤串模式,并邀请了很多资深美食达人前去体验。针对烧烤行业的木炭烧烤对顾客心智的影响,我们做了调研,发现是否是木炭烤的，顾客并不是特别在意，顾客更加在意的是羊肉品质好不好、烤串是否入味。

2017 年 4 月 1 日，很久以前烧烤正式更名为"很久以前羊肉串"。这是继巴奴、阿五、喜家德等品牌聚焦品类后的又一个知名餐饮品牌从名称上聚焦于品类。很多人可能会很疑惑，很久以前烧烤为什么改成很久以前羊肉串？为什么不再坚称做串品的老大了？很久以前烧烤的更名之路如图 9-3 所示。

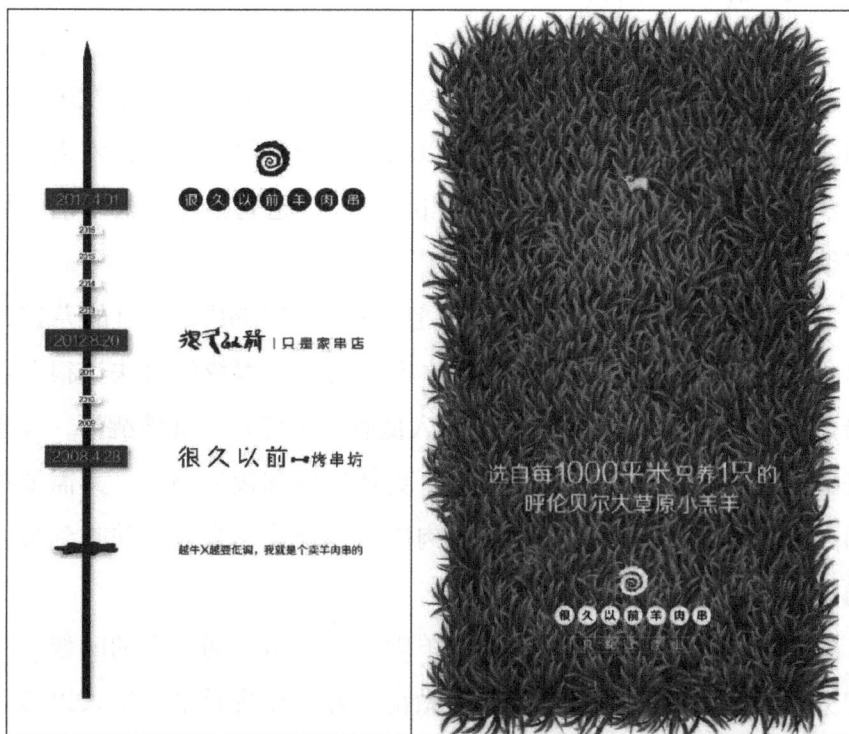

图 9-3　很久以前烧烤的更名之路

我认为很久以前烧烤更名主要有如下原因。

（1）烤串品种丰富，它不能面面俱到，不可能把每一个产品都打造成爆款，也不容易让顾客对具体菜品产生记忆。

（2）在产品主义和匠心精神大行其道的时候，很久以前烧烤留给外界的认知更多的是"装修酷炫、会玩营销、产品没有记忆点"，所以很久以前烧烤急需转变顾客的认知，于是其开始进行产品聚焦，打造羊肉串这个单品。

（3）羊肉串这个品类市场足够大，不需要过多地传播和宣传。

品牌更名之后，创始人宋吉先生做了总结和反思

很久以前烧烤曾经有一个很宏大的愿望，并为此制定了一句霸气十足的口号：共同打造全球第一烧烤品牌。这是一个宏大的目标，然而宏大的目标往往很难对具体执行进行指导。创始人宋吉先生也发现了这个弊病，于是开始寻求突破。在很久以前烧烤聚焦羊肉串后，宋吉先生对外称："越牛越低调，我就是个卖羊肉串的。"这句话让很久以前烧烤实现了软着陆。

宋吉说自己以前是"自嗨"，并且是极度"自嗨"，所有的营销动作都是为了一个不成熟的"炫"字。事实证明这些很炫的打法让很久以前烧烤走了下坡路，最终在 2016 年步入低谷。幸好宋吉猛然醒悟，发现品牌升级不是为了自己的炫，而是为了更加适应和接近顾客，其需要把产品植入顾客心智，于是开始聚焦羊肉串，围绕让顾客体验并吃到最好的羊肉串发力。

当企业自上而下都在为了做好羊肉串而不惜一切努力的时候，我相信很久以前羊肉串会走得很远，会做得更好。在我看来，很久以前羊肉串的创始人宋吉、黄太吉创始人赫畅都是餐饮行业的开拓者，是值得敬佩的。

很久以前羊肉串在触底之后实现了大反弹，2017 年营业额增长了80%，并且完成了 A 轮融资。

期待下一个十年，还有不一样的很久以前。

重整旗鼓，小肥羊火锅的品牌升级之路

在我国的火锅品牌中，发迹于内蒙古包头的小肥羊、小尾羊、草原牧歌"三巨头"多年位列餐饮十强榜单，特别是小肥羊火锅连续多年蝉联这一榜单的冠军。

小肥羊火锅，在餐饮百强榜上连续六年独领风骚

2005 年，小肥羊火锅的营业收入高达 52.5 亿元，在 2005—2010 年这六年，小肥羊火锅一直是火锅市场最大的品牌，其他火锅品牌的营业收入和小肥羊差距非常大。图 9-4 为小肥羊位于包头的总部大楼。

图 9-4　坐落于内蒙古包头的小肥羊大厦外景

在小肥羊火锅飞速发展的同时，四川火锅军团也不甘落后。火锅界的"川军"品牌是扎堆出现的，长期以来在餐饮百强榜上依然占据着近1/4 的席位。它们大多发迹于四川、重庆，这里被称为"世界麻辣中心"。四川人爱吃火锅，甚于北方人爱吃面条、南方人爱吃大米。巨大的消费

215

群体、悠闲舒适的生活氛围，加上川蜀之地得天独厚的食材，让这里的餐饮业异常发达。

在四川等地涌现出了多个享誉海内外的火锅品牌，如德庄、秦妈、小天鹅、孔亮、奇火锅、香天下、刘一手、海底捞、朝天门等，它们均登上了餐饮百强榜，如图9-5所示。

图9-5 登上餐饮百强榜的部分"川军"火锅品牌

小肥羊火锅近十余年的发展之路

包钢工人张钢于1999年成立了小肥羊火锅。在包头关于小肥羊的兴起有两个不同版本：一个版本是，张钢自己研发了一个不蘸小料吃火锅的方法，于是和几个兄弟一起开起了火锅店，结果一发不可收；另一个版本则是，张钢和朋友聚餐，发现不蘸小料的火锅好吃而且方便推广，于是花大价钱买下了火锅底料配方，开始发展小肥羊火锅。30张桌子、50名员工、400平方米的餐馆，加上一份秘制的不用蘸料的火锅配方，小肥羊火锅的传奇故事从此开始。

生意的异常火爆，让小肥羊开始尝试连锁加盟的运营模式。这一决策让小肥羊火锅在 2001 年 7 月完成了连锁店整合以及股份制改革，成立了内蒙古小肥羊餐饮连锁有限公司。2002 年，小肥羊的营业额达到 25 亿元，2004 年，小肥羊以 43.3 亿元的营业额名列全国餐饮企业百强第二，全国门店数量最多时达到 721 家。2006 年 6 月，小肥羊火锅首开国内餐饮行业引进风投的先河，引入 3i 和 PraxCapital 两家私募基金共计 2500 万美元的投资。

3i 为小肥羊注入大量资金，帮助小肥羊回购加盟店，规范了小肥羊的连锁市场，使得小肥羊最终没被庞大的加盟商拖垮，挽回了不少损失。同时 3i 集团通过其在国际上丰富的人际资源，为企业提供智力支持，提升企业的管理水平，包括介绍行业内资深专家，为企业发展提供建议；聘请世界顶级咨询公司，诊断企业发展中存在的管理问题；组织被投企业的企业家和优秀的经理人座谈，交流管理经验等。3i 利用其丰富的上市经验，协助其厘清产权关系，建立完善的公司治理结构，协调与上市有关的一系列准备工作。2008 年 5 月小肥羊上市后，3i 集团出售了 5900 万股的股份，套现 1.8 亿港元，获利 3.5 倍。

小肥羊后续发展的不顺，也从侧面反映出 3i 集团的投资策略并非万能，主要的问题在于其投后管理很难落地以及管理措施的有效性不大。对于投资的项目，3i 通常只占少数股权，尽管能够引入部分外界人才协助企业优化管理，但是 3i 集团对企业控制力有限，部分投后管理措施难以严格执行，降低了管理措施的实施效果。同时西方的管理理念和人才在我国水土不服。由于 3i 集团丰富的投资经验主要来自欧洲和北美的投资案例，并且引入的人才也大多是外企出身，而 3i 在中国投资的大多是民企，西方管理理念和职业经理人与民企的管理团队之间难以很好地融合。在供应链、财务、IT 等需要统一规范的后台职能方面，标准化管理可以极大地提高运营效率，但是在顾客服务、营销推广、新品开发等需要大胆创新的前台职能方面，标准化管理容易压制员工创新的积极性，并且难以适应中国各地顾客差异化的需求。

3i 集团于 2009 年 3 月将所持的剩余的 1.16 亿股小肥羊的股份出售给肯德基的母公司百胜集团，套现 2.79 亿港元，获利 2.66 倍。到了 2012 年 2 月，百胜以近 46 亿港元完成了对小肥羊的私有化，总持股量达 93.2%，剩余的 6.8% 的股权则由小肥羊创始人张钢和陈洪凯持有。

百胜正式收购小肥羊是在 2012 年 2 月，仅仅一年多，小肥羊便陷入关店潮中，仅剩 200 家左右的门店，百胜当时在中国的业绩增长乏力，迫切期待有一些属于自己的中餐品牌。

百胜收购小肥羊后，开始不断地做品牌升级

百胜收购小肥羊后，开始对品牌进行一系列调整，首先对品牌标识进行了升级改造，如图 9-6 所示。

图 9-6 小肥羊标识升级前后的变化

小肥羊的新版品牌标识和之前变化不是特别大，只是升级后的标识

线条更粗了，看上去更加厚实，辨识度更高了。除此之外，小肥羊还创立了一个全新的品类即"火锅餐厅"，其门头形象如图 9-7 所示。

图 9-7　小肥羊新版餐厅的门头形象

小肥羊被收购的 5 年之后，其发展趋于稳定，在 2016 年和 2017 年两次花重金升级了品牌形象宣传片，着重体现好食材，片子由"舌尖上的中国"第一季导演之一陈硕打造。整个宣传片所用道具是 100 多种火锅食材，一经推出便轰动了餐饮圈，如图 9-8 所示。

图 9-8　小肥羊惊艳餐饮朋友圈的宣传片

　　除了用宣传片体现好食材外，小肥羊还着重为"不蘸小料"（小肥羊首创吃火锅不蘸小料）撰写品牌文案，比如提出药食同源，五味调和的概念；还为"好羊肉"打造卖点，比如"来自北纬45度的天然牧场，选取6月龄羔羊肉"等。这一系列的改变和升级，只为宣传一个品牌理念：小肥羊火锅在产品上下苦工，只为呈现给顾客最健康的美味。如图9-9所示，小肥羊品牌升级后，在对外宣传上主要体现好食材。

图9-9　小肥羊品牌升级后的部分宣传海报

品牌升级就是要升级顾客对品牌的认知

　　小肥羊火锅经历了剧烈的动荡发展期，急需告诉顾客"自己是谁，能为顾客带来什么"，这就属于通过品牌升级来修正和优化品牌认知基因，从而让顾客重新认识并重视自己的品牌。

　　小肥羊火锅的品牌升级也带给了我们一些启示：无论是谁，无论品牌知名度多高，品牌升级应永远在路上。

从品牌升级角度了解杨国福麻辣烫 5000 家店背后的秘密

对于杨国福麻辣烫的发展史，你有没有过这样的疑惑：为什么本属于四川的地方麻辣小吃，却在哈尔滨扎根开花？为什么从 2007 年到 2012 年的五年间，它没能走出东北？是什么原因，让它在 2012 年之后进入迅猛发展期？截至 2018 年，杨国福麻辣烫的店面数量已经超过了 5000 家，并进军海外，还在成都建立了 4 万平方米的智能中央工厂，未来将满足 2 万家店的用料需求。

这持续增长的背后，到底隐藏着什么样的秘密？

由于我很早便参与了杨国福麻辣烫的品牌升级事宜，算是看着该品牌从东北走向世界的，所以我想从品牌升级的角度对"杨国福现象"进行一番解析。

每年新增 1000 家门店，成活率达到 90% 的赠长极客

从 2013 年到 2017 年杨国福以每年新增 1000 家店的速度在高速发展，相当于每天新开 2.7 家门店。肯德基、麦当劳这样的餐饮连锁巨头，在中国的开店速度也不过每年 500 家和 250 家。而一碗从哈尔滨走出来的麻辣烫，竟以每年 1000 家的速度狂奔了数年，不仅没有失控，还走出了一条颇具特色的品牌连锁之路，这让所有餐饮人啧啧称奇。

杨国福麻辣烫是如何一步步迭代和升级的

当一个品牌做到成百上千家店规模的时候，便往往不再比拼速度，而是比拼品牌势能和成活率。杨国福麻辣烫的成活率高达 90% 以上，这在以加盟为主的餐饮企业中实属罕见。那么杨国福麻辣烫是如何一步步迭代和升级的？

一、升级经营业态，从地摊模式走向门店模式

早在 2000 年的时候，杨国福还在路边摆摊，做一些当时比较热门的粥和小菜，因为口味好、人又实在，靠着这个小摊，杨国福收获了第一桶金。一次他偶然发现在哈尔滨有四川人开的麻辣烫摊位生意不错，敏锐的杨国福迅速察觉到了"麻辣烫"这个品类的商机，于是毅然决然地撤掉自己的小摊位。

他深知麻辣烫底料的重要性，于是便租了一间小地下室，一门心思地研究麻辣烫底料的制作，在研究了两年多后，于 2003 年开了第一家麻辣烫店。这家店叫"杨记麻辣烫"，虽然是个小店，但是却颠覆了以前街边麻辣烫的业态形式，变成了门店式麻辣烫，生意出奇得好。

二、升级产品形式，论斤称重 + 单锅现做

2009 年，杨国福麻辣烫在产品上做了一次较大的升级，那就是在业内首创了"论斤称重"的模式，这个模式目前已经得到了广泛的应用，如今市场上 95% 的麻辣烫店都是这种形式。

除此之外，杨国福还在出品方式上做了一次大胆的升级，在 2012 年废除了"大锅熬煮一整天"的模式，改成了"单锅现做"的模式，这个模式对麻辣烫行业也影响深远，不仅让顾客体验到了更加新鲜健康的麻辣烫，而且按需制作，避免了汤底的浪费。

三、升级品牌文化，塑造巴蜀文化基因

杨国福麻辣烫是哈尔滨的餐饮企业，而哈尔滨这座城市是没有麻辣文化基因的，所以 2015 年杨国福先生去成都建立了中央工厂，其主要出于两个方面的考虑：第一，原材料就地取材；第二，寻根溯源，让杨国福麻辣烫拥有巴蜀美食的文化基因。

其实我们在 2013 年为杨国福麻辣烫做品牌升级的时候，就提炼了

"传承巴蜀麻辣文化"这一理念，并将其融入了品牌的血液里。随着杨国福麻辣烫的不断壮大，四川本地的很多串串也开始叫麻辣烫了。在某种意义上，杨国福甚至已经成了麻辣烫的代名词。

四、升级品牌核心价值主张，占据"可以喝汤麻辣烫"的认知

当年我们在操作杨国福麻辣烫这个项目的时候，从和杨总及其项目负责人聊天的过程中得知：杨国福麻辣烫的底汤采用近三十种中草药精心调配，并加入了牛奶，营养健康、滋补养生、香而不腻、辣而不燥、四季皆宜；且每天都重新调配，剩汤、剩骨、剩油全部倒掉，绝不二次利用。

我们发现杨国福麻辣烫的汤是可以喝的，而其他的麻辣烫则很难做到，于是"可以喝汤的麻辣烫"呼之欲出，我们找到了杨国福麻辣烫在产品层面上最大的差异点。但是只是将这个特色口述给别人听是没用的，是无法占据顾客心智的，所以我们将其做成了一句口号，让杨国福麻辣烫可以重复使用，为此我们专门设计了相关的宣传材料，如图 9-10 所示。同时，杨国福麻辣烫门店内的语音广播也会重复强调"可以喝汤"这个差异化卖点。

当传播的次数多了，其

图 9-10　杨国福麻辣烫关于"可以喝汤"这一卖点的宣传海报

最终便占据了顾客心智，成了顾客认知中的一个优质资源。

五、升级品牌视觉形象

2012 年，杨国福麻辣烫已经运作了 5 年，拥有近 800 家门店。但是由于一开始缺少规划，当门店数量日益增多的时候，便出现了"百店百面"的现象；由于管理跟不上，又没有完善的品牌运营标准，导致很多店面各自为政，生意也有好有坏。

对杨国福麻辣烫来说，要解决这个问题，首先就要统一品牌视觉形象。而品牌视觉形象不能盲目地设计，应从整个品牌认知体系入手。我们依照杨国福麻辣烫的整体品牌策略，提出了"巴蜀文化＋时尚快餐＋麻辣元素"的设计方案。以比较艳丽的橙红色为主色调，并将这一色调导入杨国福麻辣烫的各种形象中。经过这样一包装，其品牌形象变得清晰、统一，得到了更多顾客的青睐。

六、升级品牌扩张战略

2013 年，杨国福麻辣烫在完成品牌升级后，决定大胆地走出东北，开始向全国市场进军。杨国福的第一步棋，便是进军北京核心商务区，成立样板店，比如在北京建外 SOHO 及国贸周边开店。

北京虽然是国际化大都市，但在 2012—2015 年这几年，很多社区和街边的麻辣烫还是摊位形式的。没人想到那个干净整洁的店竟然是卖麻辣烫的。所以一经开业，便轰动了整个社区，生意十分火爆。

在这个白领扎堆的区域，没人想到一个麻辣烫能够获得如此巨大的成功。之后北京的加盟商纷至沓来，到 2014 年 11 月，杨国福已在北京地区开设了 147 家门店，深受顾客的欢迎。之后，杨国福麻辣烫的发展势如破竹，迅速地进入华北市场，并在 2015 年进军上海市场，将总部从哈尔滨迁到了上海。截至 2018 年 1 月，杨国福麻辣烫店面最多的地区是广东，达到了 589 家，如图 9-11 所示。

5000+

截至 2018 年年初，全国门店数突破 5000 家

黑龙江	538 家	天津	142 家	北京	227 家
辽宁	287 家	吉林	181 家	河北	447 家
内蒙古	358 家	山东	497 家	河南	402 家
江苏	429 家	上海	160 家	我国其他城市	570 家
浙江	396 家	广东	589 家	海外	2 家

更新时间 2018 年 1 月

图 9-11 杨国福麻辣烫 5000 多家店面分布图

品牌升级总结：专注麻辣烫，心无旁骛地做自己

杨国福麻辣烫的成功，在于将麻辣烫品类推向了品牌塑造层面的高度；将一个地摊小吃，搬进了干净卫生的时尚餐厅；将一个地方品牌推向了大城市。

这种转变远远超出了麻辣烫在食客心中的固有认知，这种反差正是撬动市场的原动力。杨国福麻辣烫通过对品牌文化、口号、视觉的升级，形成了独特的品牌认知基因。当一场餐饮品牌升级塑造即将开始时，我们首先得明确战场。而战场，就在顾客的认知中。杨国福麻辣烫率先进行品牌塑造，树立品牌意识，确定目标市场，深挖品牌内涵，加上强大的组织能力和供应链，所以获得了飞速发展。

与其盲目跟风，不如在擅长的领域着手做品牌，要专而出彩，不要

大而泛泛。杨国福麻辣烫十几年来专注做麻辣烫，心无旁骛地做自己，最终成为行业品类翘楚。而之所以能做到这一切，除了品牌升级，还依托杨国福团队强大的组织力以及提前对供应链的布局。其实早在杨国福麻辣烫处于草创期那几年，就非常注重和大的调料及菜品供应商合作。2017年，我与杨总在上海再次会面时，他告诉我在成都筹建了全球最大的麻辣烫底料生产基地，整个中央工厂4万多平方米，却不到100个工人，从投料到出品基本上全靠智能化机械设备自动完成。该中央工厂已于2018年9月正式投入使用，我也在现场见证了这一荣耀时刻。

2018年9月7日，白墨与杨国福先生（左侧）在成都工厂的办公室合影留念

正如在现场的中国烹饪协会火锅专委会秘书长汤庆顺先生所说："很长一段时间，我们都没有能够和肯德基、麦当劳在规模上相匹敌的餐饮

品牌，而杨国福用 15 年的时间做到了，其店面数量和成活率与肯德基在中国市场旗鼓相当，如果为杨国福先生说一句赞语，我想说他至少是餐饮行业的民族英雄。"

让我们共同期待杨国福麻辣烫能够在世界餐饮画卷上花开绽放、基业长青。